中国奇谭之

山海经

手绘图鉴

林屋公子　凤妩/编著　畅小米/绘

北方联合出版传媒(集团)股份有限公司
万卷出版有限责任公司

图书在版编目（CIP）数据

山海经 / 林屋公子，凤妩编著；畅小米绘. — 沈
阳：万卷出版有限责任公司，2024.2（2024.8重印）
ISBN 978-7-5470-6055-1

Ⅰ.①山… Ⅱ.①林… ②凤… ③畅… Ⅲ.①《山海
经》－通俗读物 Ⅳ.①K928.626-49

中国版本图书馆CIP数据核字（2022）第128249号

出 品 人：王维良
出版发行：北方联合出版传媒（集团）股份有限公司
　　　　　万卷出版有限责任公司
　　　　　（地址：沈阳市和平区十一纬路29号　邮编：110003）
印 刷 者：辽宁新华印务有限公司
经 销 者：全国新华书店
幅面尺寸：145mm×210mm
字　　数：210千字
印　　张：8.75
出版时间：2024年2月第1版
印刷时间：2024年8月第4次印刷
责任编辑：张洋洋
责任校对：张　莹
封面设计：琥珀视觉
装帧设计：汤　宇
ISBN 978-7-5470-6055-1
定　　价：68.00元
联系电话：024-23284090
传　　真：024-23284448

常年法律顾问：王　伟　版权所有　侵权必究　举报电话：024-23284090
如有印装质量问题，请与印刷厂联系。联系电话：024-31255233

序言

　　鲁迅先生有一篇很有名的散文，叫《阿长与〈山海经〉》，说的是鲁迅年幼的时候，有个远房叔祖给他讲，自己有本绘图的《山海经》，其中有"画着人面的兽，九头的蛇，三脚的鸟，生着翅膀的人，没有头而以两乳当作眼睛的怪物"，遗憾的是这本书找不到了，以至于迅哥儿一直念念不忘，连家里一位女长工"阿长"都知道了。于是有一天，阿长为迅哥儿买来了一套绘图《山海经》，迅哥儿说这是自己"最初得到最为心爱的宝书"。

　　那么，《山海经》究竟是一本什么书，能让孩提时代的大文豪如此着迷呢？我们先来说说它的篇目和内容。

　　《山海经》共十八卷，其中有："山经"五卷，包括《南山经》《西山经》《北山经》《东山经》《中山经》；"海外经"四卷，包括《海外南经》《海外西经》《海外北经》《海外东经》；"海内经"四卷，包括《海内南经》《海内西经》《海内北经》《海内东经》；"大荒经"四卷，包括《大荒东经》《大荒南经》《大荒西经》《大荒北经》；另外还有《海内经》一卷。学者一般认为"山经"是一个相对独立的部分，而"山经"以外又是一个相对独立的部分，统称"海经"。

　　为什么这样区分？因为"山经"和"海经"的内容差异

较大，大约"山经"是战国时编订的，"海经"是西汉时编订的。但其中又存在一定联系，也许，古人认为大地是方的，所以作出"山经"，同时又认为大地被大海环绕，所以在大海之内有"海内经"，大海之外有"海外经"。"海内经"四卷和《海内经》一卷颇多相似，而"海外经"四卷又与"大荒经"四卷不少雷同，所以也有可能两者描写的是相同内容，只不过是不同人编成的版本。

"山经"这部分，介绍的主要是山中的珍禽异兽、草木矿物以及祭祀的山神，它有一个相对固定的模板，即先说某座山的位置，再说山上山下有什么矿产。然后说山上有什么神兽，接着介绍这种神兽叫什么，长得怎么样，声音怎么样，如果服用或者佩戴就会怎么样，出现在人世间会带来什么后果。这座山有什么水发源，流向何处，水中有什么，又有什么功用。描述每座山脉之后还会提到这里的山神面貌如何，应该用什么来祭祀它们。

"海经"这部分，介绍的主要是海外的奇国异人，还穿插一些古代神话、族群世系。古代神话有不少是我们耳熟能详的，比如精卫填海、夸父逐日、黄帝战蚩尤、共工怒触不周山、刑天舞干戚……而奇国异人也被后代不少志怪小说所化用改写，比如贯胸国、无肠国、大人国、小人国、长股国、一臂国、女儿国……这些在《博物志》《镜花缘》等书中也都可以看到。

我们不难发现，《山海经》的确有荒诞离奇的一面，所以太史公写《史记》也明确说自己不敢谈论《山海经》的内容。而在儒家思想占统治地位的古代，这样"怪力乱神"的作品也长期不受重视，但《山海经》都是无稽之谈吗？当然不是！举个典型的例子，《山海经》记载了四方神和四方风神的名字，而在儒家经典《尚书·禹贡》中被曲解为四季景象，《史记·五帝本纪》也延续了该错误，直到20世纪殷墟甲骨文出土，能够与《山海经》印证，才证实《山海经》有着悠久的历史传承。《山海经》是正确的，而《尚书》《史记》反而是曲解的，还能说《山海经》荒诞不经吗？

对于《山海经》到底是什么性质的书，学者也是见仁见智。有学者认为它是上古时期的巫书，是巫师用来祭祀和禳灾的，如鲁迅先生；也有学者认为此书部分内容是上古历法，《海外经》所依据的就是历法图，如刘宗迪先生；还有学者认为它是古代人民对外部世界的想象，如伊藤清司先生；又有学者认为它是神话政治地理书，目的是为大一统提供神权的空间证明，如叶舒宪、萧兵、郑在书先生；甚至还有学者认为它是最古老的全球地理书。

以上诸说都有一定道理，反映了《山海经》部分内容和思想，但同时或许也都不太全面。正是因为《山海经》包罗万象而又虚虚实实，所以实在难以完全说清楚。当然，这也正是《山海经》的无穷魅力所在。可以确定的是，《山海经》是一部有趣的书，正如鲁迅先生幼年时的印象一样。

另外，最早的《山海经》版本是有配图的，晋人陶渊明的《读山海经》一诗就说"泛览周王传，流观山海图"。但非常可惜的是，这些插图都已经失传了。今天所能看到的，最早是《永乐大典》中的两幅插图，另外还有明清到民国初年的十六种《山海经》图本，其中包括明代的胡文焕、蒋应镐图本等，清代的吴任臣、郝懿行、汪绂图本等，民国的上海锦章图书局图本以及日本江户时代的《怪奇鸟兽图卷》。鲁迅先生日后自己也买过一部郝懿行图本的《山海经笺疏》。

需要说明的是，明清古图与原始《山海图》有着本质区别，《山海图》应该带有浓厚的数术性质，和巫术时令都有一定关系，很可能是先有图才有文的，而明清古图则更多不过是画师绘制的作品，仅仅是为了图书销售和读者鉴赏，直到今天市面也有这样的画本，这是先有文再有图的。不过，这并不是说明清古图毫无价值，它们作为画作本身就是一种珍贵的艺术品，从不同的图中，我们也能窥见当时流传的文字版本存在一定区别。

我相信，不同时代的人对《山海经》有着不同的理解与诠释，而本书，正是以现代人的视角来重新呈现《山海经》这部上古奇书。全书从《山海经》中选出生动有趣的神兽异人，配上国风手绘图画与文字解析，相信能给读者带来一场瑰丽的视觉盛宴。

林屋公子

目 录

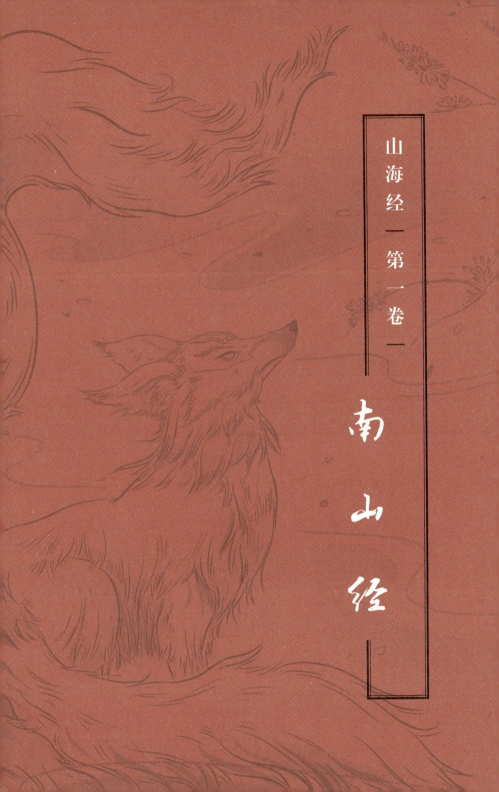

山海经
第一卷

南山经

狌狌

食之善走①

狌（xīng）狌即为猩猩，但是在古人混沌的思维中，狌狌却有各种非凡的特征。《南山经》说它是一种白耳猴，既能匍匐爬行，又能直立行走，人吃了它的肉就会走得飞快；《海内南经》却说它人面猪身，能知道人名；《海内经》则说它为人面青兽。因《山海经》出于多人之手，故狌狌形象也各异。

《南中志》说，狌狌喜群居，一群有百余头，它们居住在山谷之中，非常难对付。狌狌最喜爱的东西便是酒和草鞋，于是当地的人们就在狌狌常出没的路上摆上酒，旁边还放上草鞋，用来诱捕它们。狌狌知道酒和草鞋是人们放置的诱饵，便一边喊着这些人祖先的名字，一边破口大骂。但狌狌终究抵挡不住酒和草鞋的诱惑，便喝了酒又穿上草鞋。而这草鞋是连在一起的，喝得醉醺醺的狌狌穿着连在一起的草鞋根本无法逃跑，便被人们捉住了，成为人类的盘中餐。

---

①本书中此部分内容引用《山海经》中形容对应人神异兽的原文，便于读者更好地领略《山海经》的魅力。

鹿蜀

佩之宜子孙

鹿蜀是生活在杻阳山上的一种神兽，具有马的身形，虎的纹路，红色的尾巴，白色的脑袋，它的声音如同歌谣一样动听。如果将它的皮毛做成衣服穿着或做成被子盖着，可以使子孙昌盛。晋人郭璞《山海经图赞》里即有"佩之皮毛，子孙如云"的记载。

因为鹿蜀具有马的身形，且身上有斑纹，不少人认为鹿蜀的原型就是斑马。所以在明人胡文焕、清人毕沅等人的图本中，鹿蜀看上去和斑马极其相似。但斑马的纹理呈黑白条纹状，由头部向颈部、背部向腹部延伸，这与原文记载的虎纹的特征并不相同。所以有些图本又呈现非马类单蹄足的特征，在清人汪绂图本中甚至表现为虎爪。可见，创作者对于鹿蜀的形态有着不同理解。据传，鹿蜀曾出现于崇祯年间。

玄龟

佩之不聋

　　玄龟又叫旋龟，有着鸟的头、蛇的尾和乌龟的身子，经常在水中发出难听的如同劈木头般的声音。据说人佩戴玄龟甲，可以防治耳聋，玄龟甲还可以治疗足底的老茧。

　　晋人王嘉的《拾遗记》中记载，大禹的父亲鲧治水无功，被杀死后化为黑鱼，成了河神。到大禹治水时，有黄龙摇着尾巴在前面开路，有玄龟背负青泥在后面相随。这个玄龟可不是一般动物，正是鲧派来帮助大禹的神灵。它的颔下有大篆印文，写着"九州山水"的字样，大禹每疏通一处水域，就用青泥作为封记，而玄龟则在青泥上作印。

　　屈原《天问》中有"鸱龟曳衔，鲧何听焉"一句，闻一多先生结合《拾遗记》的记载，认为这里的"鸱龟"就是玄龟。

类

食者不妒

　　在亶爰之山有一种野兽，名字叫"类"。它的形状如狸猫，身披长发。它最奇怪的地方在于雌雄同体，据说人吃了它的肉，就不会产生忌妒心了。

　　关于类雌雄同体的特性，其他文献也有记载。《庄子》说"类，自为雌雄，故风化"，《列子》也说"亶爰之兽，自孕而生"，可见对于类互为雌雄这一认知是普遍的。明人杨慎《山海经补注》提到云南有一种雌雄同体的"香髦"；清人郝懿行也指出类就是其他文献记载的灵猫、狸猫。

　　实际上，关于雌雄同体的说法，或许只是因为古人难以观察动物交配而产生的想法，在《山海经》中，像类一样雌雄同体的人物、动物并不少见，比如《大荒北经》的犬戎。有学者认为，因为灵猫的芳香腺位于会阴处，可以伸缩，腺口的片状瓣膜可以启闭，所以古人很可能将其芳香腺囊和瓣膜误认是生殖特征，从而认为其雌雄同体。

九尾狐

食者不蛊

　　九尾狐外形为狐狸，却长有九条尾巴，叫声如婴儿啼哭，以此诱惑听到的人靠近。九尾狐会吃人，但是如果人吃了它，便不会中妖邪之气了。

　　《吕氏春秋》中有一段与九尾狐有关的故事。相传大禹三十岁时尚未成婚，一次路过涂山时，见到了一只九尾白狐，大禹以此为吉兆，求娶涂山氏女子女娇。在这则故事中，显示九尾狐为瑞兽。古本《竹书纪年》说大禹的后代帝杼征东海，也曾得到九尾狐一只。

　　在汉代画像石中，九尾狐经常与白兔、蟾蜍、三足乌一起列于西王母身旁，以示子孙昌盛。可见九尾狐代表祥瑞。神话学家袁珂先生指出，在隋唐以前九尾狐和龙凤龟麟一样，都是属于吉祥的生物。

　　可是，九尾狐的形象在宋元之后发生了明显变化。知名度最高的就是《封神演义》中的妲己了，而妲己是九尾狐所变的说法，又可以上溯到元代的《武王伐纣平话》。妲己的名气甚至漂洋过海，日本传说她被众神追杀时逃到了日本，换了个名字叫玉藻前。

赤鱬

食之不疥

　　赤鱬（rú）是人鱼的一种，鱼身人面，叫声如同鸳鸯一般，据说食用赤鱬的肉可以防治疥疮。《山海经》里的人鱼不少，比如《北山经》的人鱼、《中山经》的鳛鱼、《海外西经》的龙鱼、《海内北经》的陵鱼等。《史记·秦始皇本纪》中也说秦始皇陵用"人鱼膏"做长明灯燃料。那么，人鱼的原型到底是什么？

　　古文献有两种代表性说法。一种是鲇鱼、大鲵、娃娃鱼，这在明人李时珍的《本草纲目》、清人吴任臣的《山海经广注》中有记载；另一种是鲸，《太平御览》引《三秦记》直接说秦始皇陵燃烧的就是鲸膏，而明代也将雷州鲸脂列为贡品，欧洲也用其做过灯油。

　　如果就人鱼膏来说，更可能是鲸，但人鱼这个形象，本身应该是杂糅不少想象的。

　　后世也有不少人鱼的传说。比如晋代干宝《搜神记》中就有关于鲛人的记载，他们以织布为生，流下的眼泪都是珍珠。人鱼传说在世界各地都非常流行，最经典的就是《海的女儿》中的人鱼形象。

𤝔

　　𤝔（huàn）是生活在洵山上的一种无口怪兽，它的样子像羊却没有嘴巴，以至于没有办法进食。但它却不会死，为什么呢？晋人郭璞在《山海经图赞》中解释说："有兽无口，其名曰𤝔。害气不入，厥体无间。"𤝔正因为没有口，所以"害气不入"而不会死。但清人郝懿行对此的理解却稍微不同，他在《山海经笺疏》中认为"不可杀，言不能死也；无口不食，而自生活"，虽然没有嘴巴，吃不到任何东西，但也不会饿死。

　　明人傅山在《山海经物类编略》中引用了𤝔没有嘴巴的这个特征，用以讽刺那些祸从口出、言多必失的现象。但是在明清图本中𤝔也都只是普通山羊的形象。

鴸

见则其县多放士

鴸（zhū）的外形如鸱（chī），却长着人手一样的爪子，声音如同雌鹌鹑，叫声和"诛"字谐音，因此被认为是不祥之鸟。它出现的地方，有才能的人就会遭到放逐。

鴸的形象来自著名圣王尧的儿子丹朱，或者说鴸是丹朱所化。清人邹汉勋在《读书偶识》中指出古史人物丹朱、驩（huān）兜、鴅（huān）吺（dōu）、鴅咮与《海外南经》的驩头、驩朱皆为一词分化。驩头、驩朱正是丹朱子孙在南海建立的国家，也就是丹朱国，他们都长着人的脸、鸟的嘴，有翅膀但不能飞行。

传说，丹朱为人暴虐凶残、性情乖戾，尧认为他不堪大任，于是将天下禅让给德行兼备的舜，而将丹朱放逐到了遥远的丹水流域。丹朱不服，与当地的三苗部落联合反抗，最后三苗的首领被杀，丹朱也投水而亡。丹朱死后，他的魂魄化为了鴸鸟，它总是发出呼唤自己名字的叫声——朱。因为丹朱的经历，所以有了哪里出现鴸的叫声，哪里就会多放逐之士的说法。

彘

状如虎而牛尾

在浮玉之山上，生活着一种叫"彘（zhì）"的野兽，它的形状如虎，却有着牛的尾巴，声音如同狗吠一般，有食人的习性。

"彘"是一个会意字，本义是用箭矢捕获野猪，这从"彘"的甲骨文中也能看出，在甲骨文中箭的形状还很明显，但演变为小篆的时候，彘的字形就开始讹变。《说文》记载，"彘，豕也，后蹢废谓之彘，从彑，矢声"，仍与甲骨文中的字形相互印证。

这条记录中的彘，应当就是遵从本义指代野猪，彘的含义在后来扩大，用以泛指猪。在现代汉语中，"猪""豕""彘"为同一含义，但在最初，这几个字分别指代小猪、大猪和野猪。汉武帝小名彘，也就是野猪的意思。

《山海经》中"彘"字出现的频率极高，"彘毛""彘毫""彘耳""彘身"等常用来描述其他怪物，这说明彘在当时是常见的一种动物，书中亦有"彘山"，应当是以动物名字命名山。《海内经》记载，在流沙之东，黑水之西，还有一个"司彘国"。

山海经——第二卷——

西山经

肥遗

见则天下大旱

太华山呈方形，高五千仞，没有鸟兽能够在这里生存，唯一能居住在这里的就是肥遗蛇了。太华山就是华山，以险而闻名天下。这里的肥遗蛇长有六只脚、四只翅膀，它出现的时候就会天下大旱。

肥遗在《山海经》中多次出现。《北山经》中浑夕之山上的肥遗是一首两身的蛇形，出现的时候也会天下大旱；《北山经》中在肥水一带也多有肥遗，看来"肥遗"之"肥"即来自肥水，而不是肥胖的意思。但肥水在安徽，和华山又天南地北了。

除了这些蛇形的肥遗，《西山经》还有种鸟形的肥遗。它生活在英山，形貌如同鹌鹑，身体呈黄色，喙呈红色，人如果食用了这种鸟类可以治疗麻风病。

值得注意的是，一首二身的蛇形象在文物上也常有出现，如在二里头遗址的陶片和商周时期的青铜器上都见到过，而安阳殷商王陵更是出土了一头二蛇身的木器遗痕。有学者认为这处遗痕即是《山海经》中的肥遗，其实也不需要强行对应，但应该有共同的传说渊源。

羬羊

状如羊而马尾

　　羬（qián）羊出自钱来山，它的形状像羊，却长着马的尾巴，它的脂肪可以滋润干裂的皮肤。关于"羬"，《尔雅·释畜》有解释，说"羬"其实就是六尺长的羊。晋人郭璞提到大月氏国有一种大羊，长得像驴却有个马尾巴。大月氏在今中亚一带。

　　羬羊的脂肪可能是长在尾巴上。日本学者榎一雄认为羬羊就是粗尾巴羊，粗尾巴羊的尾巴根部有个巨大的脂肪块，一直下垂，也正是这种形状才会有马尾的说法。《山海经》说的脂有可能是指尾巴的脂肪块。清人张澍在《凉州异物志》中提到月氏国的一种羊，尾巴重十斤，割下来吃掉，还能继续长出来。

　　其实不只是羬羊的脂肪有滋润肌肤的功效，普通羊脂也都有。明人李时珍在《本草纲目》中就提到羊脂可以治疗皮肤皲裂，清人郝懿行也在《山海经笺疏》中提到当时人用羊脂治疗皲裂，还真有效。今天市场上也有护肤品马油、羊油等。这体现了《山海经》的医学价值。

豪彘

状如豚而白毛

　　豪彘是生活在竹山上的豪猪，形状像小猪却长着白色的毛，它的毛如簪子一样粗，末端呈黑色。

　　豪猪今天还有，又叫箭猪、山猪，其脚如狸，样子像猪，毛如尖锥。豪猪在远古时期是人畜庄稼的大害，先民对其印象非常深刻，商周青铜器和汉代画像石上都有豪猪的图像，但口耳相传难免失真。宋人范成大的《桂海兽志》就有豪猪的刺可以飞出伤人的记载。

　　但事实上呢，今天我们都知道，豪猪根本不能够把毛发发射出去，遇敌时只能将头藏于前肢，蜷曲身体，将硬刺竖起用以保护自己罢了。

橐𩿧

人面雨一足

　　橐（tuó）𩿧（féi）生活在瀹次山上，外形和枭差不多，却长着人脸，而且只有一只脚。它在冬天出现，夏天蛰伏。据说如果人佩戴它的羽毛在身上，就不会被雷击中。《山海经》中的人面鸟有鹅、瞿如、颙等，独足鸟还有毕方、跂踵等，但橐𩿧是唯一的人面独足鸟。

　　传说最有名的独足鸟是商羊。据《孔子家语》记载，当时有一只独脚的鸟儿飞入齐国朝堂之上，舒展翅膀徐徐起舞。齐侯十分惊讶，派人去鲁国询问博学多才的孔子。孔子答复道，这种鸟儿正是商羊，预示有大水将至，现在齐国出现了这种鸟儿，应当马上治理沟渠、修筑堤坝。后来有大雨降临，各地洪水成灾，只有齐国准备充分，所以损失不大。

　　由于商羊是雨水的征兆，因此古代有"天将雨，商羊舞"的谚语。而每当有大旱时，民间也有跳商羊舞的风俗，希望通过这种方式来求雨。

鹦鹉

青羽赤喙，人舌能言

在黄山上有一种鸟儿，形状如同鸮，它有着青色的羽毛、红色的嘴巴，能够学人说话，名字叫作鹦䳇（wǔ）。

这个鹦䳇很明显就是今天的鹦鹉了，而且和我们了解的特征也吻合，没有任何妖异之处。可见《山海经》中不少怪兽都有原型，而古人对鹦鹉认识也较早。当然，今天能观察到的鹦鹉种类很多了。鹦鹉只能学舌，并不能真正地通人言，汉代《淮南子》说鹦鹉"得其所言，而不得其所以言"，意思就是鹦鹉只会模仿言语，而不会表达思维。

因为鹦鹉独特的"学舌"技能，被很多人所喜爱并饲养为宠物。晋人张华的《鹪鹩赋》说"苍鹰鸷而受绁，鹦鹉惠而入笼"。但也正是因为这项技能，鹦鹉不只为人所喜爱，也为人所忌惮，比如唐人朱庆余的《宫中词》就说"含情欲说宫中事，鹦鹉前头不敢言"。

鸾鸟

见则天下安宁

鸾鸟在《山海经》中多次出现，是非常出名的一种瑞兽，常与凤凰并提。在诸沃之野、都广之野、载民之国，都有鸾鸟歌唱，凤鸟舞蹈；在开明兽的西边，也有鸾鸟和凤凰，它们足下踩踏着红色的蛇。鸾鸟和凤凰一样，是王德广被、贤者得位的象征。

《大荒西经》记载，五采鸟有三个品类：一曰鸾鸟，一曰皇鸟，一曰凤鸟。可见，后世一般说的"凤凰"应该是两种鸟，而且还有个近亲鸾鸟。鸾鸟当然也被视为神鸟，《说文解字》解释"鸾"就是"神灵之精也。赤色，五采，鸡形，鸣中五音，颂声作则至"。在《南山经》里还有个鹓鹑，《国语》里有个鸑鷟，也都是凤凰一类的神鸟。

纵观《山海经》中有关鸾鸟出现之地的记载，几乎都是欣欣向荣之象，比如在都广之野，百谷自生，冬夏都能播种，灵寿树也开了花结了果，草木茂盛葱茏，各种禽鸟野兽也都群居相处，十分快乐。

凫徯

状如雄鸡而人面

在鹿台山上有一种鸟儿，外形跟公鸡差不多，却长着人脸，名字叫作凫（fú）徯（xī）。它的叫声就是它的名字，或者说它的名字是因叫声而得的。这种得名方式在《山海经》中也很常见，今天的布谷鸟也是因叫声"布谷"而得名。

凫徯主凶，当它出现的时候，天下就会出现战争。据清代《宜春县志》记载，凫徯曾于崇祯九年（1636 年）在宜春郴江一带出现过，第二年当地果然发生兵戈。所以在古人心目中，凫徯是大恶之鸟，清人吴任臣在《山海经广注》中就说，人面鸟身，不是大美就是大恶，大美的有佛教妙音鸟频迦，大恶的就是凫徯了。

这种认为某一物象的出现必然征兆着另一种物象的观念是一种极其简单的巫术"物占"，用动物来作为预占说明远古人类试图对祸福吉凶进行掌控，是古人观察世界的经验性总结。

土蝼

状如羊而四角

土蝼（lóu）是生活在昆仑丘之上的一种食人怪兽，形貌如同羊一般，却有四只角。明人胡文焕图本说土蝼的角"其锐难当，触物则毙"，形容其厉害无比。

土蝼的原型大概是山羊。在现代人看来，羊是非常温驯的一种动物，这种观念可能是混淆了山羊与绵羊。《史记·项羽本纪》中楚军主帅宋义下军令时说"猛如虎，狠如羊，贪如狼，强不可使者，皆斩之"，这种形容暗指项羽。可见在古人的印象中，羊其实是一种非常阴狠好斗的动物。

还有一种说法认为，土蝼是狒狒的别称。据汉人许慎所言，当时的北方人将狒狒称作土蝼，明人李时珍在其《本草纲目》中就引用了这种说法。袁珂先生认为，狒狒类动物在古代北方被称作土蝼、山魈，山精、山魅、一足夔等动物都是源于这一形象。

举父

状如禺而文臂，豹虎而善投

举父生活在崇吾山中，外形如猿猴，手臂上长着斑纹。它擅长投掷物品，神话学家袁珂先生认为《山海经》原文中"豹虎"当是"豹尾"之误，就是说举父长有猴身豹尾。

晋人郭璞注《山海经》中认为举父又名夸父，也叫大獚（jù）。他提到建平郡（今重庆一带）的山中有"大如狗，似猕猴，黄黑色，多髯鬣"的大獚，这种大獚也喜欢举石头砸人。清人郝懿行支持了郭璞的说法，他在《山海经笺疏》中提到"举""獚"古字通用，而"举""夸"音似。

"夸父"的称呼我们很熟悉了，《山海经》中夸父出现过多次，比如夸父之山、夸父之国，以及著名的夸父逐日神话、应龙杀夸父神话，这里的夸父与举父看似无关联。而《东山经》里介绍了一种"其状如夸父而彘毛，其音如呼"的兽类，这里的夸父即举父，是一种猴类。

当然也有人把神话人物夸父与猿猴夸父混同，认为神话人物夸父的原型就是猴类，如历史学家吕思勉。先民观念中人、神、兽的形象往往交织在一起，这是值得注意的。

蛮蛮

一翼一目，相得乃飞

　　蛮蛮是一种鸟，外形和野鸭差不多，但只有一只翅膀和一只眼睛，因此必须要两只鸟合起来才能够飞翔。蛮蛮生活在崇吾之山，它出现的地方将会有水灾发生。

　　蛮蛮很容易让人想到传说中的比翼鸟，《尔雅》也作鹣（jiān）鹣鸟。晋人王嘉《拾遗记》记载，周成王年间，燃丘国进贡给周王一对比翼鸟。这对比翼鸟长得像喜鹊，但是会衔南海的丹泥，在昆仑的大树上搭巢，遇到圣人就会出来，表示周公摄政的祥瑞。可见比翼鸟同时也是瑞禽，古代记载中的比翼鸟亦多取此意。

　　由于比翼鸟双双对对、不比不飞的特性，古人还常以比翼鸟作为忠贞爱情的象征，类似的还有比目鱼、比肩兽等。白居易的《长恨歌》就用"在天愿作比翼鸟，在地愿为连理枝"形容唐玄宗和杨玉环的爱情。元代《琅嬛记》提到比翼鸟飞饮止啄，不相分离，死而复生，也必在一处。雄的叫野君，雌的叫观讳，合起来叫长离。

文鳐鱼

鱼身而鸟翼

文鳐（yáo）鱼生活在泰器山上的观水中，外形与鲤鱼相似，却长着翅膀，是一种飞鱼。它有着白色的头、红色的嘴，浑身布满斑纹，声音如同鸾鸡。当夜色降临，文鳐鱼会遨游在东海与西海之间，晋人左思《吴都赋》里有"精卫衔石而遇缴，文鳐夜飞而触纶"，说的正是文鳐鱼夜飞的习性。

文鳐鱼有药用的功效，它的肉酸中带甜，食用可以治疗癫狂。而且，文鳐鱼是一种主吉的鱼，它的出现意味着天下丰收。在《穆天子传》中，周穆王西巡时见到了雍容高贵的西王母，西王母的车旁就有文鳐、白虎侍奉，这也是文鳐鱼代表祥瑞的一种体现。

不过文鳐鱼可不是这么好抓的。《歙州图经》中有一则故事，传说歙州有人在溪水之间结网捕鱼，有的鱼顺利穿过渔网，而那些飞不过去的鱼则就地变成了石头，每当下雨的时候，这些石头就会变成红色，这就是歙州赤岭的由来。

飞鱼这种动物，确实是存在的，但实际上并不能飞翔，而只能在水面滑翔。

陆吾

状虎身而九尾

  陆吾是神山昆仑山的管理者，它长着老虎的身体却有九条尾巴，长着人脸和老虎的爪子，掌管天上九域和天帝的园圃的时节。郭璞注《山海经》提到陆吾即是《庄子·大宗师》的肩吾，肩吾也是守卫大山的神兽。

  另外，在《海外西经》中有一个形象、职责都与陆吾相似的神——开明兽。但开明兽"类虎而九首，皆人面"，而陆吾是"状虎身而九尾"，形象不完全相同。郭璞在《山海经图赞》中提到"肩吾得一，以处昆仑。开明是对，司帝之门"，还把陆吾与开明列为两种神兽。

  不过在后世，两者的形象就开始混同了。在明清图本中，陆吾的形象有两种，蒋应镐、成或因、汪绂图本是人面虎身九尾，和《山海经》的陆吾描述一致；而胡文焕、毕沅图本，又是人面虎身九首，这又和《山海经》的开明兽描述一致了。袁珂先生认为，开明兽和陆吾本身就是同一神兽的形象分化。

毕方

状如鹤，一足

毕方生活在章莪（é）之山，外形如同仙鹤，嘴是白色的，黑色的羽毛上有着红色的纹路，发出的声音正是它的名字，最大的特征是它只有一只脚。毕方鸟出现的地方，大火也会伴随着出现。《海外南经》也有关于毕方的记载，是一种人面独足鸟。

传说陈后主时，有一足鸟出现于殿上，留下了"独足上高台，盛草变为灰"的句子。柳宗元有《逐毕方文》，提到唐元和七年（812年）夏，毕方在火中出现。《大明兴化府志》也说嘉靖十八年（1539年），福建莆田大火，当夜有怪鸟于火中出现。

另一方面，毕方也有主吉的记载，明代《事物绀（gàn）珠》就说"毕方，见者主寿"。这种说法或许与毕方的外形相关——鹤是一种寿禽。毕方颇具神性，传说中黄帝合鬼神于泰山时，毕方也在随行之列。根据明代《华阳博议》记载，汉武帝时期有人献上异鸟，人莫能识，只有东方朔指出这是毕鸾，那么也是凤凰之属了。

三青鸟

居三危之山

　　三青鸟栖息在三危之山，是为西王母取食的神鸟，共三只。依照《大荒西经》的记载，三青鸟长有红色的头、黑色的眼睛，色泽亮丽，体态轻盈。青鸟在《山海经》中出现次数较多，王母之山、元丹之山、中容之国等地都有青鸟出现。

　　青鸟一般都与西王母联系起来，在《山海经》中西王母是半人半兽的形象，到了汉代以后才演变成了雍容华贵的女仙，并受到广泛崇拜。

　　三青鸟取食的职能到后来逐渐衍生出新的文化内涵，使它成为了具有神秘色彩的信使。《汉武故事》中有青鸟自西方来，停驻于殿前，东方朔由此判断这是西王母即将到来的预兆。李商隐《无题》中的名句"蓬山此去无多路，青鸟殷勤为探看"，更是让青鸟这一文化形象广为流传。

　　此外，《搜神记》里还记载着青鸟化身为青衣童子，赠人蛇胆、助人治病的故事，可见青鸟的神性。

天狗

状如狸而白首

在阴山上有一种动物名为天狗，形状如狸，白脑袋，叫起来的声音像"榴榴"（一作"猫猫"），可以御凶辟邪，据说还会吃蛇，明人胡文焕图本的天狗即是叼蛇状。关于天狗辟邪的传说，秦氏《三秦记》记载，春秋秦襄公时，有天狗来到白鹿原的狗枷堡一带，见到有贼人时天狗就会大叫，当地人民从此安居乐业。

天狗在古文献中又是一种流星、彗星，《史记·天官书》记载："天狗，状如大奔星，有声，其下止地，类狗。所堕及，望之如火光炎炎冲天。"所以天狗又成了凶星的代名词，和《山海经》中的天狗完全不同。

还有一种天狗，就是天庭的神犬，最有代表性的就是二郎神的哮天犬。

值得一提的是日本的天狗。在日本早期，天狗的意思也作流星理解，但此后天狗的含义在日本逐渐变化，并融入了山岳信仰的宗教因素，最终演变成了非常独特的天狗传说。日本传说中的天狗，有一张红色的脸，一个大鼻子，长着一双翅膀，身强力壮、力大无穷，住在深山之中，平常拿着一把团扇，还会高超的剑术。

徼䄲

状如牛，白身四角

徼（ào）䄲（yē）是生活在三危山上的凶兽，样子像牛，全身长满白毛，头上长有四个角。它身上的毛很长，就像人们披在身上的蓑衣一样，而且它会吃人。

三危山在《史记·五帝本纪》中也出现过，帝舜曾经把三苗放逐到西方三危山。学界普遍认同三危山是在西方高原地区，今天甘肃敦煌有三危山。而徼䄲的样貌记述和高原牦牛的样子十分相似，所以有人认为徼䄲的原型就是今天的牦牛。

另外，古人还认为舜放逐的梼（táo）杌（wù）就是三苗。所以晋人郭璞认为，《山海经》中的徼䄲就是梼杌，然而梼杌和徼䄲的外形还是存在着一定的差异。

穷奇

状如牛，猬毛

　　穷奇生活在邽山，形状如牛，毛发如同刺猬，声音如同嗥叫的狗，有食人的习性；《海内北经》则说穷奇形状如同老虎，有翅膀。《神异经》还说它能听懂人的言语，常会从空中扑下掳人当作食物，穷奇还惩善扬恶——它有着奇特的爱好，喜欢吃好人的鼻子，会赠送野兽给坏人以资奖励。

　　但穷奇也会做好事，《后汉书·礼仪志》说穷奇、腾根共食蛊。穷奇喜爱吃蛊毒，可以为人类祛蛊，在大傩典礼中穷奇是逐疫十二神之一，因此在一些记载中穷奇也是形象正面的神兽。

　　历史文献里穷奇同时也是人，《左传》说穷奇是少昊氏不成器的子孙，与混沌、梼杌、饕餮一起并称"天下四凶"，有趣的是，混沌、梼杌、饕餮也都是《山海经》中出现过的神兽。

　　《淮南子》则说穷奇是风神的后人。穷奇在日本传说中被称作镰鼬（yòu）。镰鼬是一个乘着旋风出现的妖怪，它会做一些恶作剧，速度快到让人根本感受不到，遇到它的人只会以为是一阵风吹过，所以穷奇又有"风刃"的称呼，这正保留了《淮南子》"风之所生"的特征。

駮

状如马而白身黑尾

　　駮（bó）生活在中曲山上，是一种样子像马的独角兽，它有着白色的身躯和黑色的尾巴，以及似老虎的牙齿和爪子，叫声如同擂鼓一般。它能够捕食虎豹，可以通过驯养它们来抵御刀兵。传说中，駮是古代战士们心仪向往的坐骑。

　　《海外北经》中记载的駮却是无角的，外形如马，牙齿弯曲，可以生食老虎和豹子。在蒋应镐的图本中，駮就是独角马，而《海外北经》中的则是无角兽。

　　《管子·小问》记载，一次，齐桓公骑马出游，途中遇见了一只老虎，但老虎并没有扑过来攻击他，反而吓得伏在地上不敢动。管仲告知齐桓公，他的坐骑与駮相似，因此老虎不敢攻击。

山海经　第三卷

北山经

䑏疏

状如马，一角有错

　　䑏（huān）疏是生活在带山上的独角马，是一种辟火神兽。䑏疏的独角并不光滑，应该是像磨刀石一样的。胡文焕图本说䑏疏的独角坚硬得可以分割石头。古文献还有一种有名的独角兽叫獬（xiè）豸（zhì），传说是尧舜时期法官皋陶的助手，会用独角去抵触违法的人，后世将它作为法律的象征。在其他国家的传说中，独角兽也很常见，是尊贵灵异的标志。

诸怀

状如牛，四角、人目、豕耳

　　诸怀是生活在北岳山上的一种凶兽，它的外形像牛，有四只角，有着人的眼睛、猪的耳朵。它的声音就像大雁的鸣叫一般，是一种会吃人的四角牛怪兽。

　　郭璞在《山海经图赞》中有"窫窳诸怀，是则害人"的说法，将诸怀与窫窳放在一起，《北山经》中的窫窳是集人、龙、虎、蛇、牛、马于一身的食人畏兽，可见诸怀同样是被人厌恶的凶兽。

　　在明清《山海经》图本中，大部分的诸怀都是四角牛形，只有成或因图本是两角牛形。

鲦鱼

状如鸡而赤毛，三尾、六足、四首

带山的彭水中有很多鲦（tiáo）鱼，它的外形像鸡，身上长着红色的羽毛，还有着三条尾巴、六只脚、四个脑袋。鲦鱼的叫声与喜鹊的鸣叫相似，传说之中，吃了它的肉就能使人忘记忧愁。

鲦鱼的样子十分奇怪，兼有鱼和鸡的特征。因此有人认为它虽然样子像鸡，红色的部分却并非羽毛，而是鱼的身体。胡文焕的《山海经》图本还说吃了鲦鱼不仅可以忘记忧愁，还可以御火。郝懿行的《山海经笺疏》说粤东就有鲦鱼，形如鸡而又软壳，多尾足，尾如八带鱼。

不过，郝懿行同时认为"首"是"目"的意思，所以鲦鱼并非四个脑袋，而是四只眼睛，神话学家袁珂先生也赞同这个说法。所以，明清《山海经》图本关于鲦鱼的形状比较混乱，既有鱼形四鱼首（蒋应镐、胡文焕图本），也有鱼形四鸡首（汪绂图本），还有鸡形一鸡首四目（吴任臣图本）。

此外，《庄子·秋水》中有"鲦鱼出游从容，是鱼之乐也"的记载，此处的鲦鱼应是小鱼，与经文中的鲦鱼并非同一动物。

橐驼

有肉鞍，善行流沙中

　　橐（luó）驼即是骆驼。柳宗元有《种树郭橐驼传》一文，其中的橐驼指的是那些驼背像骆驼的人。显而易见，橐驼与《山海经》中许多令人瞠目结舌的神兽不同，它是我们十分熟悉的骆驼，这在古代就已是十分确定的看法。郭璞注《山海经》说，骆驼"有肉鞍，善行流沙中，日行三百里，其负千斤，知水泉所在也"。李时珍《本草纲目》也指出，因为骆驼能负囊橐，故名"橐驼"，而"骆驼"反而是后世讹误，还说骆驼身子像马，但是头像羊，长脖子，耳朵下垂，背上的肉呈现鞍形，有苍、褐、黄、紫等颜色，性耐寒、厌热。

诸犍

状如豹而长尾，人首而牛耳，一目

　　诸犍（jiān）是生活在单张山上的一种独目怪兽，它有人、豹、牛三种动物的特征。它的样子像豹，有着人的脑袋和牛的耳朵，却只长了一只眼睛，十分喜欢吼叫。诸犍尾巴很长，行走的时候会将尾巴叼在嘴里，睡觉的时候会把尾巴盘起来。

　　诸犍的牛耳、人面、独目的形象，看起来十分怪异，因此它是一种令人畏惧、恐怖的动物。但在明清图本中只有蒋应镐图本画出了人头，而其他图本这个特征并不明显。

山狪

状如犬而人面，善投，见人则笑

狱法山上有一种神兽，它的样子像狗，却长有人脸。它善于投掷，见人就笑，行走得就像风一样快，这种神兽叫山狪（huī）。传说，只要山狪一出现，天下就会刮起大风。

宋人罗愿《尔雅翼》说山狪、挥挥、枭羊、山都都是同一种动物，也就是狒狒。袁珂先生则认为山狪就是《西山经》中提到的举父，也就是《海内南经》中枭阳国里的枭阳。

飞鼠

状如兔而鼠首，以其背飞

飞鼠是天池山上的一种能够飞的神兽，样子像兔，却长了鼠的脑袋，凭借着自己的背飞翔，因此被称为飞鼠。郭璞注《山海经》认为用背飞应该是用背上的毛飞。《北山经》中还有一种用尾巴或者胡须飞的耳鼠。

杨慎在《山海经补注》中说，飞鼠就是《文选》中的飞�，杨慎本人曾在云南蒙化见过。而且飞鼠的肉可以食用，皮毛可以治疗孕妇难产。据《方言》记载，天启三年（1623 年），陕西凤县就出现了飞鼠，长着肉翅，没有脚，毛色黄黑，大尾像貂，头像兔，吃黄米和小米。

精卫

状如鸟，文首、白喙、赤足

　　精卫是发鸠山上的一种鸟，样子如同乌鸦，花脑袋，白色的嘴，红色的爪子，它的鸣叫声就是它自己名字的读音。精卫原是炎帝的小女儿，名叫女娃。一天，她驾着小船到东海游玩，不幸海上起了风浪，将她卷入海中淹死了。死后，女娃的魂魄化作了精卫鸟向西方飞去。

　　精卫恨无情的大海夺去了她年轻的生命，于是不断地衔来西山的树枝和石子，投于海中，想填平东海。然而石子怎么能填满大海呢？所以后世一般用这个典故，来表现百折不挠的意志和抗争到底的精神。比如，晋人陶渊明在《读山海经》诗中说"精卫衔微木，将以填沧海"，讲的就是这个故事。

𪊭

状如麢羊而四角，马尾而有距

　　𪊭（hún）是一种四角怪兽，外形像麢（líng）羊，头上却长着四只角，它的尾巴与马尾相似，脚后跟长有脚趾。它擅长旋转起舞，鸣叫的声音就像在叫自己的名字。

　　麢羊是涿光山上的野兽，郭璞认为麢羊就是大羊，但李时珍在《本草纲目》中认为𪊭虽然看着像大羊，却是山驴的一种。而"麢"这个字后来又抄错成了"鹰"，以至于𪊭有了羊耳、羊目、鹰嘴的怪兽形象。明人胡文焕图本就是将𪊭画成带有鹰嘴的马形，成为古代神话以讹传讹的一个典型案例。这种鹰嘴兽的造型，具有北方草原地区的文化特征。

山海经　第四卷

东山经

朱獳

状如狐而鱼翼

耿山中有一种野兽，形状如同狐狸却长着鱼鳍，名为朱獳，它发出的叫声便是它自己名称的读音，在哪个国家出现，哪个国家就会发生恐慌。

动物学意义上的狐，本身就具有机警、多疑、机智、多诈等生物特性。在神话意义上，和狐有关的动物，多数都有相关的影响。李剑国先生在《中国狐文化》中对于"其状如狐"而不言其为狐的诠释，认为朱獳、獙獙、蛊雉、狚狼、乘黄这五种狐状兽皆为狐的变体。

从从

状如犬，六足

从从是生活在枸（xún）状山上的六脚兽，它的样子像狗，有六只脚，叫声是自己名字的读音。

六足兽在古代表祥瑞。这个说法最早见于南北朝时期。《宋书·符瑞志》中就有 "六足兽，王者谋及众庶则至。比肩兽，王者德及矜寡则至" 的说法。《事物绀珠》说从从尾巴有一丈多长。《山海经》中并没有关于从从 "长尾" 的记述，可是无论是哪个版本的绘图，都描绘出了长尾的特征。可见明清《山海经》图本也曾参考其他史料。

犹犹

状如马，羊目、四角、牛尾

犹（yóu）犹是四角怪兽，集牛、羊、马、狗的四个特征于一身。它体形像马，却长着羊的眼睛、牛的尾巴，叫声如同嚎叫的狗。传说之中，它出现在哪里，哪里便会有狡猾的人出没。

天人感应是中国古代非常重要的思想，当有灾难或好事即将发生的时候，上天会降下一个独特的现象来示警或嘉奖，人们会通过仪式来对此进行回应。《山海经》中的许多动物也具备这种功能，经文中的犹犹兽即是如此。郭璞认为，既然示警已经发生，就非人力所能阻止，不应将灾异发生的原因归咎于示警的动物，而应积极反省、努力补救。同时，郭璞也以灾异祥瑞作为政治手段，用以表达自己的政治主张。

䍺胡

状如麋而鱼目

尸胡山中有一种野兽，形似麋鹿，有着鱼一样的眼睛，名为䍺（wǎn）胡，它发出的叫声便是自身名字的读音。

根据清人郝懿行在《山海经笺疏》中记录，嘉庆五年（1800年）册使者封琉球回国，途中在马齿山驻留，当地人向使者进献了两头鹿，该鹿毛色浅，且眼睛小如鱼眼。当地人说这是海鱼所化，但郝懿行认为这是错误的观点，这种动物其实就是《山海经》中的䍺胡。

合窳

状如彘而人面，黄身而赤尾

在剡（shàn）山上有一种名为合窳（yǔ）的野兽，它样子像猪，却长着人的脸，身体呈黄色，有着红色的尾巴，叫声如同婴儿。合窳这种野兽会吃人，也以虫和蛇为食物。合窳的出现，是大洪水的预兆。

清人郝懿行认为，猪有兆水的功能。《易经·说卦》中有"坎为豕"的记载，坎为水的象征，所以水与豕也密不可分。《诗经》中"有豕白蹢，烝涉波矣"的记载，也反映了豕与水的关联。因此，合窳兆水这一功能，很有可能与其猪身有关。晋人郭璞认为，合窳是至阴之精，见则有雨水。

当康

状如豚而有牙

　　钦山上有一种野兽，长得像猪但有牙齿，它的叫声就是自己的名字，如果出现了天下就会大丰收。

　　当康的原型可能就是野猪。《神异经》说南方有一种外形长得像鹿，却长着猪头的动物。这种动物叫作无损之兽，很可能就是当康。当康在图本里有三种形态：一种是主流的猪形；一种是胡文焕图本"当庚"，不似猪而似鼠形；一种是日本图本"当庚"，是一种人面兽。

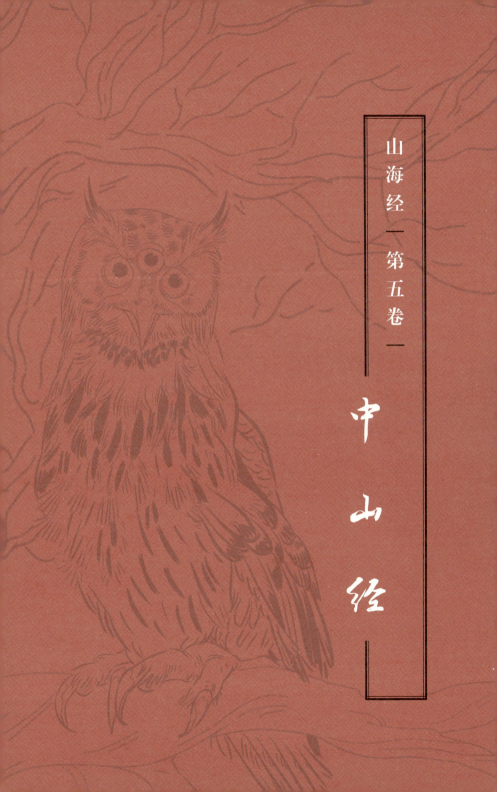

山海经

第五卷

中山经

飞鱼

状如鲋鱼，食之已痔衕

《中山经》有两种飞鱼，但形状和功能完全不同。一是牛首山劳水中的飞鱼，形状如同鲋鱼，食用它可以治疗痔疮和腹泻；二是魌（guī）山正回水中的飞鱼，形状如同小猪，身上有着红色斑纹，吃了它之后，人就不再畏惧打雷，还可以避开兵灾。

《林邑国记》中记载了一种和上述两种飞鱼都不太相同的飞鱼。这种飞鱼身子是圆的，有一丈多长，羽毛一层层的，翅膀好像胡蝉一样，出入群飞，还会在海底游泳。

总而言之，这三种飞鱼只是同名，并不是同一种。

鸣蛇

状如蛇而四翼，其音如磬，见则其邑大旱

鸣蛇生活在鲜山之上，形状与蛇十分相似，但有四翼，它鸣叫的声音如同击磬一般。鸣蛇是一种灾蛇，是非常不祥的一种征兆，鸣蛇如果出现，预示着这个地方即将会发生旱灾。

和大部分《山海经》中的异兽一样，鸣蛇在古籍中很少出现，只在东汉张衡《南都赋》中有记载："其水虫则有蠼龟鸣蛇。"此外，唐代《艺文类聚》也提到有鸣蛇之洞。通过这些记载，我们可以看出鸣蛇大致生活在中原地区，习性穴居。与同样主灾的肥遗蛇相同，它们虽然并不招人喜欢，却也有其他用处。在古代墓室和棺椁上，有时会出现两者的形象，用来祈求保持墓室干燥。

䵃蚳

状如彘而有角，其音如号

䵃（lóng）蚳（zhì）是昆吾山上的一种神兽，它的样子像猪，却有角，因此又名角彘。䵃蚳的叫声很难听，就像人在号哭一般。传说之中，吃了䵃蚳的肉，就不会再受噩梦困扰。

昆吾是夏朝的封国，在春秋卫国（今河南濮阳）、许国（今河南许昌）一带都曾建都。在《山海经》中还有一种动物叫作䵃姪，形状如同狐狸，有着九条尾巴、九个脑袋、虎爪，其声音如同婴儿，有吃人的习性。郭璞与郝懿行都认为䵃蚳与䵃姪疑似一物，吴任臣对此持反对意见。

化蛇

状如人面而豺身，鸟翼而蛇行

　　化蛇是一种长着人面的灾蛇。它具备豺的身体、鸟的翅膀。行走如蛇，叫起来有如人呼喊的声音，它的出现是城邑大水的征兆。由于化蛇具有多种动物的特征，因此历代《山海经》绘图之中，化蛇都有不同的形状。比较常见的一种是兽状，人面豺身四足，蛇尾鸟翼；另一种则是蛇状，人面蛇身，鸟翼无足，做蛇飞行状。郭璞在《山海经图赞》中说，化蛇与鸣蛇是同一种类但是形状相异，它们都预示着灾异，但鸣蛇主旱，化蛇主水。

马腹

状如人而虎身，其音如婴儿

马腹，一种人面虎身的怪兽，叫声如同婴儿一般，会吃人。其居住的蔓渠之山，大概是水域蔓延的意思，代表山水多，也提示马腹可能是与水相关的动物。马腹虎身，这代表着马腹具备虎的一个很重要的特征，即腹部很大。

其实这种动物应该本名"马虎"，通假为"马腹"，又讹传为"马肠"，其实和腹、肠均无关。而民间正好有一种神兽叫"马虎"，马虎长着人面、马足，身上长满长毛，但是一种虎类。此种神兽有镇邪的功能。清人汪绂指出马虎正是马腹。

《水经注》中也有与此相关的记载，说沔水中有一种叫水唐的怪物，它的膝头如同老虎，鳞甲如同鲮（líng）狸，爪牙一般都隐没在水中，只露出膝头。有的孩童不知道它的凶险，想要取出戏耍，结果都被此物所杀。水唐的外形与习性都与经文中的马腹近似。在其他记载中，水唐也被写作水虎、水卢，应与马腹是同一种动物。

泰逢

状如人而虎尾，出入有光

　　泰逢是和山的山神，是善良、吉祥之神。泰逢神形状像人，长着老虎的尾巴，他喜欢住在蒉（fù）山的南边。泰逢进进出出都散发着光芒，他能够调动使用天地之间的灵气，有兴云作雨之能。

　　《吕氏春秋·音初》记载，夏朝的国君孔甲曾在蒉山之下打猎，当时大风骤起，天色瞬间昏暗，使得孔甲迷了路，据说这即是泰逢所为。此外，相传晋平公曾于浍水遇到一个狸身狐尾的怪物，师旷告诉他所见之怪物乃是首阳之神，也就是泰逢。首阳山在今天河南洛阳偃师境内，据说商代遗臣叔齐、伯夷不食周粟，在此山采薇食用；妇人说薇也是周人的草木，叔齐、伯夷遂绝食而死。

麐

状如貉而人目

麐（yín）是扶猪山上的野兽，它的样子像貉，却长着人一样的眼睛。

人目的说法，在古代文献的传播过程中，发生了一定的变化。郭璞《山海经图赞》说"有兽八目，厥号曰麐"，可见他看到的《山海经》是"八目"，《玉篇》《广韵》中引用此条也说是"八目"。郝懿行在《山海经笺疏》中认可传世的《山海经》中的记载，称"八目"说法是错误的。可见，神话在流传的过程中往往会产生一些变异的情况。

犀渠

状如牛，苍身，其音如婴儿

犀渠是釐（lí）山上的怪兽，样子像牛，浑身漆黑，它的叫声犹如婴儿啼哭。

犀渠有吃人的习性，极为凶恶。清人郝懿行认为犀渠是犀牛的一种。《国语·吴语》中有"文犀之渠"的记载，说的是带有纹路的犀渠角。晋人左思《吴都赋》中有"户有犀渠"一说，郝懿行认为可能是用犀渠的皮蒙在楯上，因而犀渠就成了楯的代称。隋人卢思道在《从军行》中说："犀渠玉剑良家子，白马金羁侠少年。"这里的"犀渠"即是指用犀渠皮蒙的盾牌，当然此处的犀渠很有可能是对普通盾牌的溢美之词。可见，犀渠在古代应当是常见的一种兽类。

䁘鸟

状如枭而三目，有耳

䁘（dài）鸟是首山机谷中的一种鸟类，样子如同猫头鹰，却有着三只眼睛。它叫的声音像猪，据说吃了它的肉可以治疗湿气病。

关于"其音如录"，南朝梁顾野王《玉篇》的解释是音如豕，但清人郝懿行《山海经笺疏》中认为"录"应该是"鹿"的通假字。因此，䁘鸟的叫声不是像鹿叫就是像猪叫。在明清图本中，䁘鸟有两种形态：一种是蒋应镐、吴任臣等人画为三目枭，一种是成或因、汪绂等人画为二目枭。

山海经 — 第六卷 —

海外南经

结匈国

其为人结匈

《山海经》经文中说："结匈国在其西南，其为人结匈。"此处"其"，袁珂先生认为指代的是灭蒙鸟，而之后的"其"指代并不明确。《博物志》也说结匈国有灭蒙鸟。结匈国的国民都有"结匈"的特征。

所谓"结匈"，晋人郭璞注《山海经》中说胸前凸出来，好像喉咙的喉结一样。根据这个特征，可以合理推断，结匈即是今天的"鸡胸"，又被称作鸽胸，是一种胸骨前凸的胸廓畸形病。

结匈国的东南方有南山，南山人将虫视作蛇，将蛇视作鱼。在古代，虫蛇混用是一种较为普遍的现象，郝懿行注就说山东人把蛇叫作虫。而蛇之所以叫鱼，可能是蛇的古字写作"它"，古音与"讹"相近，讹声转为鱼，因此有蛇号为鱼的说法。

羽民国

其为人长头，身生羽

羽民国人特征十分显著，他们长着很长的头，身上有羽翅。

郭璞注《山海经》中说羽民的样子是白头、红眼、鸟嘴，和鸟一样都是卵生，可以像鸟一样飞行。郭璞曾见过羽民国人的画像，称其"画似仙人"。《博物志》也提到了羽民国。

羽民在文献中多作羽人。受到修仙学说的影响，羽人形象在战国汉晋的画像中非常常见，也有不少关于羽人的动人传说。《拾遗记》记载帝尧时期西海曾出现一个叫"贯月槎"的巨筏，这艘巨筏在四海环绕，每十二年绕天一周，上面就生活着羽人。秦始皇时期还有个自称宛渠国来的羽人，乘着潜水艇"沦波舟"，和秦始皇讲天地开辟的历史。宛渠离太阳洗浴的咸池还有几万里，把一万年当作一天。

也有说羽民国在比翼鸟居住的东南方，这里的人脸颊很长。在羽民国有十六个神人存在，这些神人的手臂紧紧相连，他们的职责是为天帝守夜。明人杨慎在《山海经补注》中提到，南方也有类似的神人，当地原住民夜晚会遇到他们，称呼他们为"夜游神"。

讙头国

人面有翼，鸟喙

　　讙（huān）头国的国民都是人面、鸟嘴、生有翅膀，又写作讙头国；另有一说，认为讙头国位于毕方神鸟的东边，又被称作讙朱国，又写作讙朱国。

　　清人邹汉勋《读书偶识》根据音韵学指出，讙头、讙朱应该就是古史人物丹朱、讙兜、鹲吺、鹲昧；《南山经》的鹲应该也是同一形象的分化。鹲长得像鸟并长有人手，每当它出现的时候，国家就会放逐才士。古本《竹书纪年》说，帝尧之子丹朱被后稷放逐到丹水。今本《竹书纪年》又说丹朱为让位给舜，避位到丹水，这和才士被放逐是吻合的。

　　不过到《史记》开始，丹朱和讙兜就明确分化成两人了。丹朱是帝尧的太子，尧去世后，反而是舜跑到南河之南避位，但诸侯只朝贡舜而不去朝贡丹朱，所以舜就不得不即位了；而讙兜是和共工、鲧、三苗齐名的"四凶"，在帝尧时期就被帝舜放逐到南蛮，而这一经历又和丹朱被放逐丹水类似。

　　《博物志》中也记载了讙兜国，说他们出自帝尧的司徒讙兜。国民经常在海中捕鱼，长得人面鸟翼，都像仙人。

不死民

其为人黑色，寿，不死

不死国国民皮肤黝黑，有着无尽的寿命，能够长生不死。《淮南子》说不死民靠饮食空气为生，这也是道家修炼长生之道的方法。但与饮气长寿、不食不死不同的是，在一些记载中，不死民也需要借助一些外物才能达到长生不死。

《大荒南经》中有不死国的记载。说不死国姓阿，有一种甘木，即不死之树，吃了它的果实可以长生不死。《海内西经》说不死树在昆仑之北。《博物志》中也写道，员丘山有不死树，吃了就会长寿。《括地图》提到员丘山有赤泉，饮之可以不死。《海内经》提到流沙之东、黑水之间有不死山。

对长寿、不死的渴望在《山海经》中时有体现，这是战国秦汉修仙学说的反映。比如《海外西经》中的异兽乘黄，乘之可以活到两千岁，《海外北经》中的吉量，乘坐它也能增寿千岁。而长寿、不死的观念，代表着先民观念从生殖观到生命观的转变，是社会公众心理诉求的一种体现。

厌火国

兽身黑色，生火出其口中

有一个叫厌火国的国家，这里的国民长着野兽的身体，浑身都是黑色的，口中可以喷火。《博物志》中有"厌光国民，光出口中"的记载，应该是厌火国的讹误。《事物绀珠》则一方面写作"厌光民"，另一方面又写作"厌光兽"，似乎怀疑他们不是人类。实际上，"海经"记载的异人有的原型确实可能只是动物。

口中能够吐火的异兽，有一种叫作"祸斗"，明代《赤雅》记载，祸斗长得像狗但是爱吃狗粪，会喷火致灾。吴任臣《山海经广注》提到，厌火国邻近黑昆仑，国民有吞食火炭的能力，这个国家还有食火兽，名为祸斗。可见，因为祸斗与厌火民的相似性，就被后代传为厌火国的动物。

袁珂先生据此认为，厌火国的"厌"字，应读作"餍"。同时也是"餍"的含义，即吃饱喝足，而不是厌恶的意思。

明清图本中厌火民的形态有两种，汪绂、胡文焕等图本是吐火之猴，蒋应镐、成或因等图本是吐火之兽，不似猴。

贯匈国

其为人匈有窍

　　贯匈国在某国的东边，这个国家的人胸口有一个贯穿胸背的孔，一说贯匈国位于载国的东边。《淮南子》中亦有穿胸民一说。

　　据《博物志》，大禹在会稽山大会诸侯，但是防风氏迟到。大禹为了立威而诛杀防风氏。防风氏两个故臣心有不甘，欲替旧主报仇。等到大禹南巡的时候，两人埋伏在路上伺机刺杀。不料当时雷雨交加，有双龙升天的天象，二人皆认为这是天象示警，惶恐之下将刀子插进胸口，自杀而亡。大禹听闻此事后，为二人的忠心所感动，用不死草复活二人。但是胸口的刀孔未能愈合，二人的后代也保留了此形象。所以他们所在的国家被称为贯匈国，又名穿胸国。

　　据今本《竹书纪年》记载："黄帝五十九年，贯匈氏来宾。"按照这种说法，贯匈国居然在黄帝时期就存在，那么更是在大禹之前了。

　　对于贯匈国的解读，一直以来都有着不同的说法，一些学者认为穿胸这种特征是基于独特衣着的一种夸大化描述，可能胸前有一种镜子类的装饰，所以看起来像是胸口有个洞。

# 交胫国

其为人交胫

交胫国在穿匈国的东边，国民的小腿相互交叉，十分特别。

晋人郭璞注《山海经》中指出，"交胫"应该是《礼记》中说的"南方曰蛮，雕题交趾"的"交趾"，但交趾又是什么，仍然不清楚。唐人孔颖达在《礼记注疏》中提到，交趾是交阯人的一种卧姿，侧卧时脸朝外，双脚和小腿向后勾在一起。交阯是汉代的一个郡，在今天越南北部一带，建安八年（203 年）改称交州。

但是这种解释似乎没得到共识，仍然有人按照《山海经》理解，比如晋人刘欣期《交州记》里就提到，交趾之人身有长毛，脚上没有关节，因而不能站立，需要他人搀扶。《外国图》还说交趾民个子不高，只有四尺。

另外一种解释出自唐人杜佑的《通典》。他提到是因为这里的人脚趾较大，两足并立时，脚趾会有相交的特征。这就完全用脚趾去解释"趾"了，但《尔雅》说"趾，足也"，趾的本义应该还是足。整体来说可能还是孔颖达的解释更近史实。

三首国

其为人一身三首

　　三首国国民长着一个身子三个头。

　　三头人在《海内西经》中曾出现过，说的是服常树上面有三头人，守候着附近的琅玕树。除三头人外，还有三面人。据《大荒西经》记载，在大荒之山上有一个人，三面一臂，是颛顼之子。晋人郭璞注《山海经》，认为三面即三个头面朝向不同的方向。《吕氏春秋》里说大禹西行到了三面国，毕沅认为书中的三面国即此条经文中的三首国。

　　郭璞在《山海经图赞》中认为三首民只有一个胸腔，但是呼吸却通过三对鼻孔；三首民只有一双眼睛看到东西，其余两个头部也能分享它的所见，三首民只要有一个头部进食，身体也会产生饱腹感。他认为三首人这种奇妙的构造并不虚浮，自成一套系统，得了天地造化。

　　值得一提的是，《论语》记载子贡曾问孔子：《尸子》说黄帝四面，可信吗？孔子回答，黄帝四面是说黄帝派了四个大臣，在四方治理政事，这样就显得黄帝有四张面孔一样。而长沙马王堆三号汉帛书《十六经》记载黄帝画像正是"方四面，傅一心"，那么到底是神话变成历史呢，还是历史演绎神话呢？

长臂国

两手各操一鱼

有一个国家叫长臂国，它的国民在水中捕鱼时，喜欢两手各执一鱼。长臂国在《淮南子》中被称作修臂国，修即长。《大荒南经》中也有类似表述，说有张弘国，国人在海上捕鱼。此处的张弘即长肱，与长臂同义。

《博物志》记载，曹魏黄初年间，玄菟太守王颀讨伐高句丽，一路穷追不舍至大海，王颀询问当地长者，大海的东面是否有人。长者说大海中经常漂浮着一些衣服，这种衣服长度正常，唯衣袖有三丈之长，应该就是长臂民的衣服。

三丈也有版本作二丈，晋人郭璞在《山海经图赞》中则说双肱三尺。三尺就有一米了，三丈则有十米长，感觉太夸张了。

而《穆天子传》中记载，天子封长肱于黑水之西河，那么长臂国在周穆王时期就存在了，并且是在西方而不是东方。

祝融

兽身人面，乘两龙

祝融是中国神话传说中著名的火神，兽身人面，两龙为它的坐骑。

在《山海经》中，祝融出现过多次。《海内经》详细介绍了祝融的谱系，说炎帝和妻子赤水之女生炎居，炎居生节并，节并生戏器，戏器生祝融。而《大荒西经》的记载则与此不同，说颛顼生老童，老童生祝融。颛顼是黄帝的孙子，那么祝融又是黄帝之后了。

除了以上两种记载外，《左传》中称祝融是颛顼之子犁。《史记·楚世家》中称颛顼生称，称生卷章，卷章生重黎，重黎在帝喾时期担任火正，被命为祝融。之后帝喾派重黎攻打造反的共工，重黎没能屠灭共工氏，结果被帝喾所杀，而让重黎的弟弟吴回接替祝融，吴回就是楚国的先祖。而《管子》说黄帝就派祝融前往南方。如果要对以上记载合理解释，可以说祝融本身是一种职位，也就是管理火的火师。

当然，祝融更可能本身就是火的化身，所以极具神性。《吕氏春秋》说夏帝炎帝，夏神祝融；《海内经》还记录了鲧偷窃天帝的息壤治水，天帝命令祝融诛杀鲧于羽郊的故事。

歧舌国

在不死民东

歧舌在《淮南子》中又作"反舌"，晋人郭璞注《山海经》解释歧舌，说他们舌头都是分叉的，也叫"支舌"。所以歧舌又被称作支舌、反舌。

但就支舌、反舌的具体含义尚有所争议。反舌是指舌头与常人相反，呈舌尖朝里、舌根朝外的形状，这是汉人高诱注《吕氏春秋》的观点，还说他们说话只有自己能听懂，而清人郝懿行则支持郭璞的观点。古文字学家于省吾在其《释舌》中也指出支舌实际上指的是舌头前端歧出，将"支"写作"反"，有可能是讹传。

民族学家凌春生对歧舌这一现象进行了考察，发现歧舌这一现象在新西兰地区广泛存在，如毛利人的祖先海洋神也是歧舌之状。当然，也可能是舌头上进行了一种装饰。

山海经　第七卷

海外西经

夏后启

乘两龙，云盖三层

夏后启曾在大乐之野（一说是大遗之野）观看过《九代》乐舞，他以龙为坐骑，以重云为伞，左手拿着华盖，右手持着玉环，腰间佩有玉璜。汉代为避汉景帝刘启的讳，将启更名为开，所以《大荒西经》中说在西南海之外、赤水之南、流沙之西，有人耳朵挂着青蛇，乘着两龙，他就是夏后开，升天得到了《九辩》《九歌》。

夏后启是夏朝的君主，大禹与涂山氏之子。据《随巢子》记载，大禹治水为了通山而化熊，被妻子涂山氏看到，涂山氏觉得很尴尬，跑到嵩高山下化为石头。禹大喊："归我子！"于是涂山石向北裂开，诞下了儿子启。不过《楚辞·天问》中说大禹自己腹生启。"后"是早期国君的称呼。

《史记·夏本纪》记载，禹在崩逝之前，将天下传位于益，但不能服众，于是各路诸侯都推举启继承禹的位置。但《韩非子》说大禹要传天下给益，后被启的部下赶跑。古本《竹书纪年》则说的是伯益来和启争位，被启所杀。记载不一，当和各家政治主张有关。

本条记载中的夏后启形象很像一个大巫，马昌仪先生认为该记录为我国古代舞蹈的滥觞。

一臂国

一臂一目

一臂国在三身国的北边，这里的国人只有一条胳膊、一条腿、一只眼睛。这里还有一种虎斑黄马，也是一只眼睛和一条前肢。

《大荒西经》中也有一臂民的记载，他们生活在盖山之国，内容与本条经文相似，只是增加了一脚的描述。《尔雅·释地》中记载北方有比肩民。郭璞注《山海经》中称比肩民就是一臂民。《异域志》中有个半体国，国人也是只有一条胳膊、一条腿、一只眼睛。大概说的都是同类。

这种人要两个人合在一起才能行动、饮食，和《东山经》的蛮蛮一样。《韩诗外传》则记载了东海一种叫鲽的比目鱼和南方一种叫鹣的比翼鸟。

明人蒋应镐和清人成或因的图本中画的是一臂民骑黄马，清人吴任臣和汪绂图本画的则是两个一臂民相对。

三身国

一首而三身

三身国在夏后启所在之地的北边，这个国家的人脑袋下长了三个身子。

三身国的相关资料，《大荒南经》记载得比本条经文丰富，按其所述，三身国在大荒的不庭山附近，国人是帝俊与娥皇的后代子孙。国民都姓姚，以黄米为食，身边都有四只鸟可供驱使。四鸟指的是虎、豹、熊、罴，以鸟来统称鸟兽。清人郝懿行认为三身国姚姓，应当是舜的苗裔。而古文献一般又说娥皇是舜的妻子。所以郭沫若等学者认为帝舜与帝俊以及卜辞的帝喾、高祖夔皆是一人分化。

《河图括地象》与《荒史·因提纪》中也有对三身国的记载。按其所载，庸成氏的儿子，为人放荡不羁，其性喜淫，于是君主将他放逐到西南，而三身国是庸成氏儿子与马的后代，具有人与马的特征。这则故事应为后起之说，并非三身国神话的源头。

奇肱国

其人一臂三目

奇肱国的国民只长着一条胳膊，却长了三只眼睛。他们的眼睛还有阴阳之分，阴眼在上，阳眼在下。在奇肱国有一种长了两个脑袋的禽鸟，毛色红黄相间，常与奇肱国国民相伴。

"奇"不是奇怪的意思，而是代表奇数。奇肱也就是一臂的意思，和一臂国有点类似，只是一臂国国民只有一只眼睛，奇肱国国民有三只眼睛。但《淮南子》中将奇肱国记为奇股国，那就说是独脚民了。东汉人高诱结合奇肱民善于制造飞行器的特点，认为奇肱当是奇股之误。

原来《述异记》记载，奇肱国国民十分擅长制作一些机巧之物，甚至可以制作能御风而行的飞车。相传在商汤时期，奇肱国的飞车在豫州地界被损坏，十年之后有西风至，飞车再次起航。《博物志》说奇肱国在玉门关以西四万里，需东风才能遣返。

奇肱国的国民以文马作为坐骑，文马在《海内北经》中有出现，是犬戎国的一种动物，眼睛像黄金一样灿烂，名字叫吉良，骑着可以有千岁之寿。可见奇肱国也是长寿之国。明清图本中也反映了以上两个主题，蒋应镐和成或因图本画的是一臂三目人，骑马；吴任臣和汪绂图本画的是一臂三目人，制飞车。

刑天

以乳为目，以脐为口，操干戚以舞

刑天就是形天。刑天神话是中国神话中最为悲壮、动人的神话之一。相传刑天与天帝争位失败，天帝将他的头葬在了常羊山。但刑天并未因此服输，他以双乳为目，以肚脐为口，手持盾牌与斧头继续与天帝作战。刑天的这种精神感染了很多人，陶渊明《读山海经》诗中有"刑天舞干戚，猛志固常在"之句。

《大唐皇帝等慈寺碑》里有"刑夭之魂，久沦长夜"的记载，《道藏》本的《山海经图赞》《西阳杂俎》中也作刑夭，宋本《御览》中刑夭、刑天两种写法都有。袁珂先生认为，甲骨文的"天"与"夭"字均有人首之象，是颠、顶之义，刑天本是无名之神，刑天即断首的意思，同时也可以做形夭理解，指形夭残。

对于经文中的"帝"，袁珂先生认为，《路史》提到炎帝命刑天作乐，而刑天被杀的常羊山又是炎帝出生地。故刑天是炎帝手下，与其作战的是黄帝。当是炎帝与黄帝斗争失败后，夸父、刑天等属臣相继举起斗争大旗。

汉人高诱认为刑天即《淮南子》的形残之尸，晋人郭璞认为又叫无首之民。

丈夫国

其为人衣冠带剑

丈夫国在维鸟栖息地的北方，国民衣冠整齐，有带剑的习惯。《事物绀珠》说丈夫国离玉门关有两万里。

丈夫国这个国家只有男子没有女子。根据晋人郭璞注《山海经》，商王太戊曾派遣使者王孟到西王母处寻找不死药，行至丈夫国地界时粮食断绝，无奈之下只能停驻在此地。王孟以野果为食物，以木皮制衣，一直生活在此地。他终生都未娶妻，但却有两个儿子，是从自己的身上生下来的。他们一出生，王孟当即死亡。因为是父亲所生，所以被称丈夫民。《玄中记》又将王孟写作王英，称其子是从其背胁中生出。《大荒西经》中也有言及丈夫国，与女子国相对应。

古阿拉伯旅行家马可·波罗在游记中写道，阿拉伯海有两个岛，一个男人岛，一个女人岛。每年三月，男人出发到女人岛上，逗留到五月返回。苏联民族学家谢苗诺夫也指出，在原始采集和狩猎中，男人和女人、儿童会被分成两个集团，集团之间实行性禁忌。历史学家李衡眉认为，这就是丈夫国和女人国的原型。这种观点比父系社会与母系社会的解释更合理，因为父系、母系只是不同的继嗣制度，并不排除其他性别。

女丑尸

女丑之尸，生而十日炙杀之

女丑的尸体横卧在丈夫国之北，传说她是被十个太阳炙烤而死的，尸体在山顶，十个太阳照耀在上方，死亡时还用衣服遮挡面容。女丑在《大荒东经》也有出现，说海内有两个神，其中一个名叫女丑，女丑有一只大螃蟹；《大荒西经》中亦有出现，说女丑之尸青衣掩面。

这里讲的是上古"以人为尸"的习俗。我们知道后羿射日的神话，据说上古有十个太阳（可能是天干十日的讹传），非常热。当时人们为了求雨，就把女丑给烧死了。女丑住在山上，而《山海经》中多次提到巫师从山上下来，可见山在先民印象中正是巫师沟通天地的场所。女丑也应是一个女巫了。为什么要烧死女丑呢？这是一种"模拟巫术"。巫师的身份本来是很高的，但是一旦有自然灾害，人们认为巫师失去了灵力，所以必须杀死替换。商王汤为了祈雨还准备自焚。到春秋时代，王权增强，神权下降，这时候才把地位较低的巫师或者残疾人焚烧祭祀上天。

至于"女丑之尸"的"尸"，不是"尸体"而是"尸主"，也就是代表死者受祭的人。"女丑之尸"实际上也是后世的女巫，被当作是女丑灵魂转世，所以天旱求雨的时候，也就优先烧死她们了。

并封

状如豘，前后皆有首

并封生活在巫咸国的东方，外形如猪，通体黑色，身体前后各有一个脑袋。

闻一多先生在《伏羲考》中提出，并封最原始的写法应该是"并逢"，是动物雌雄同体的意思。还有一种观点认为，并封应为"蜂"慢读之音，而并封前后有首的形象，与蜜蜂中间腰细、两头粗大的形象类似，因此将并封看为蜜蜂幻化之兽。

袁珂先生认为诸如蛇、鸟之类，前后两端皆有头，也可以视为并封。此外，在道教文化中有司房中之神怪共封，是左右两首的形象，与并封的字形、内涵类似；晋人常璩《华阳国志》中有双头神鹿；《尔雅》中有枳首蛇，枳首蛇即歧头蛇。《新序》提到两头蛇不吉利，见者必死。春秋楚令尹孙叔敖年幼时遇见过两头蛇，为了怕别人看到，他杀死两头蛇后埋在土里，结果孙叔敖并没有死。

明清《山海经》图本中并封也呈现两种形态：一种出现在蒋应镐和成或因的图本中，是一种兽首四足双头蛇；一种出现在毕沅、吴任臣和汪绂的图本中，是一种双头猪。二者差别比较大。

女子国

两女子居，水周之

女子国在巫咸国的北方，有两个女子居住，四周环水。有一种说法是她们居住在一扇门中。清人郝懿行《山海经笺疏》中认为，居住在一扇门中实际上指的是同一聚落。不过"海经"很多像看图说话，似乎不必深究。

关于女儿国的记载，文献数不胜数。《三国志》说高句丽东边海上有个女人岛，《后汉书》也提到这个女人岛，岛上有口井，看一看可以怀孕。而郭璞注《山海经》中则说，女子国有黄池，女人进去洗澡就会怀孕，如果生下男子三岁就会死。

唐玄奘《大唐西域记》提到有西女国和东女国，西女国在拂懔国（东罗马帝国）的西南海岛，有可能就是古希腊神话中的亚马孙；亚马孙国只有女人，与邻近的加加利亚部落男人生育，如果是女婴就留在亚马孙，是男婴就送回加加利亚。女子长大成人都切除右乳，方便投掷标枪或者拉弓射箭。而东女国在西域中亚一带，《大唐三藏取经诗话》改成女人国；《西游记》改成女儿国，说的是女儿国没有男子，女子怀孕只需喝子母河的河水，终止妊娠则饮用落胎泉水。不过《大唐西域记》的东女国并非没有男子，但男子只从事耕种，不掌握国家权力罢了。

蓐收

左耳有蛇，乘两龙

蓐（rù）收是西方之神，左耳上盘踞着一条蛇，他的坐骑为两条龙。

可以看出，蓐收与西方有着密不可分的关系，这是古老的四方神观念的一种体现。东方青色，属春季，主神为木正句芒；南方红色，属夏季，主神为火正祝融；西方白色，属秋季，主神为金正蓐收；北方黑色，属冬季，主神为水正玄冥；中央黄色，属长夏，主神为土正后土。据《左传》，少昊氏有四个弟弟重、该、修、熙，其中该做了蓐收，重做了句芒，修和熙做玄冥，祝融则是颛顼氏之子犁，后土是共工氏之子句龙。蓐收、句芒、祝融在《山海经》中都有出现。

蓐收属秋，相当于人间的秋官司寇，《国语》中言其还主刑戮。《国语》记载，虢公丑曾梦见人面虎爪、白毛执钺之神，该神告诉他晋国将要侵犯虢国，大臣史嚚告诉他这位神明就是蓐收。

长股国

被①发，长脚

　　长股之国在雄棠树的北方，这个国家的国民喜欢披着长发。有一种说法是，长股国又被称作长脚国。《大荒西经》说在西北海之外、赤水东有长胫国。郭璞注《山海经》中说，长股国民身体和常人差不多，但手臂长达两丈，以此类推，则腿超过三丈了。长臂国在《海外南经》中已出现。

　　《路史·后记》引《尸子》说，黄帝的德行都风化到了蛮夷部落的贯胸、深目、长股等国，今本《竹书纪年》记载黄帝五十九年，长股氏来朝贡。

　　郭璞认为，长脚国又被叫作有乔国，晋朝那些杂耍踩高跷的人，应该就是在模拟该国人。明人杨慎据此指出，长脚国并非真的是腿长异于常人，而是善于双木续足之戏，叫作躧（xǐ）跷，也就是踩高跷。清人吴任臣的观点与杨慎相同。用现实中正常存在的事物来解释《山海经》中奇诡之事，是杨慎的一贯思路，有一定价值。

　　明人蒋应镐、清人成或因的《山海经》图本中的长股民双手持鱼，当受到《海外南经》长臂国的影响。

---

①被：通"披"。

山海经

第八卷

海外北经

烛阴

人面、蛇身、赤色

烛阴是钟山之神，它身长千里，人面蛇身，眼睛睁开即是白昼，闭上就是黑夜。一呼一吸之间冬夏轮换，它不饮、不食，呼吸起来便成为了风。

《大荒北经》中也有对烛阴的记载，它生活在章尾山，人面蛇身，全身红色，只以风雨为食物，能照耀阴暗的地方，又叫烛龙、烛九阴。《淮南子》则说烛龙住在雁门之北的委羽之山。屈原在《楚辞·天问》中提出"烛龙何耀"一问，就是说烛龙怎么会发光的。

郭璞的《玄中记》的描述则有所不同，说的是北方钟山上有"石首如人首，左目为日，右目为月，开左目为昼，开右目为夜；开口为春夏，闭口为秋冬"，应该也来自烛龙的传说。

而《五运历年纪》里则记载，"盘古之君，龙首蛇身，嘘为风雨，吹为雷电，开目为昼，闭目为夜"。基于盘古与烛龙这段描述雷同，袁珂先生认为，烛龙与盘古都有创世神的性质，应该是盘古的原型之一。

需要注意的是，成或因图本和日本图本的烛阴都是蛇身女人首。

柔利国

为人一手一足

　　柔利国在一目国的东边，国民都只有一只手和一只脚，膝盖是向着相反的方向弯曲的，脚也是反卷曲折。有一种说法称他们为留利之国，他们国家人的脚是向后反折的。

　　《大荒北经》中记载牛黎之国的人没有骨头，都是儋耳国的后代。柔利、留利、牛黎当为一国，儋耳国即聂耳国。

　　郭璞在《山海经图赞》中用柔利国民与病人子求相对比，子求是《淮南子》中记载的人物，他的身材佝偻扭曲、面目丑陋、脊骨高于头顶、胸骨直抵下巴。与子求相比，柔利国的国民并不算丑陋，但却只有一只手、一只脚，也是相当怪异了。

　　关于没有骨头的记录，《尸子》说徐偃王有筋无骨，《荀子》说他眼睛可以看到额头。如果从科学角度解释，可能是得了软骨病或者脆骨病。西方也有一位传奇人物患有这样的病症，他就是9世纪带领维京雄狮入侵英格兰的无骨人伊瓦尔，他无法正常走路，连行动都需要部下抬着。

一目国

一目中其面而居

一目国国民都长着一只眼睛，在脸上正中的位置。

《山海经》中提到的只有一只眼睛的种族或国家还有两处。一个是《大荒北经》中威姓少昊的子孙后代，一个是《海内北经》里贰负之尸北边的鬼国。商代的鬼方到周代为鬼（隗），姓赤狄，或许这就是鬼国的来源，然后再被讹传为一目，但实际上和鬼怪并无关系。清人吴任臣提到《两仪玄览图》，说该图记载亚洲西北、欧洲东部也有一目国。当然，我们知道今天世界上并无这种人，可能也是某种讹传。

在吴任臣和汪绂图本中，一目人为横目，但在蒋应镐和成或因图本中，一目人为纵目。纵目即竖立的眼睛，在《华阳国志》中提到蜀侯蚕丛即纵目，而广汉三星堆遗址出土了不少纵目人面具。但在经文中，并没有提到纵目，默认应该是横目。

相柳

九首人面，蛇身而青

　　相柳是共工的臣属，九首蛇身，在九山之中觅食。相柳所过之处，土地会变为沼泽溪潭。传说中大禹杀了相柳之后，相柳的血所漫延到的土地都不能再种植五谷。大禹用土堵了三次都没用，于是只好做成一个水池。众神便在昆仑之北、柔利国东建了一个共工值台。共工值台四方形，台子四角各有一条虎斑的蛇，头朝南方，守卫在此。射箭的人都不敢朝北，应该是畏惧共工之台的原因。

　　大禹杀相柳，是大禹治水神话的一部分。据说洪水就是水神共工导致的，而相柳又是共工的臣属，所以大禹治水就与共工、相柳都进行了斗争。从科学角度解释，如果共工可以视为洪水的化身，那么相柳的血污染过的土地不能种植，指代的应该是水位抬升导致的土地盐碱化。相柳在《大荒北经》又作相繇。

深目国

为人举一手，一目

　　深目国在某国的东边，国民眼窝很深，时常举着一只手，也只有一只眼睛，在共工台之东。

　　但此处"一目"颇可疑，既是一目，为何与深目分开叙述？既在某国之东，为何又在共工台东？袁珂先生认为"一目"当然是"一曰"之误，这样一来就通顺了。深目国最明显的特征只是眼窝深，并不是一只眼睛。

　　《大荒西经》中提到一个吃鱼的深目之国，该国是盼姓，应该也是同一个国家。《尸子》中提到蛮夷的贯匈国、深目国、长肱国，都受到黄帝德行的教化。郭璞的《山海经图赞》中提到"深目类胡"，目深应该是一些西域国家、民族的特征。清代小说《镜花缘》中深目国也有出现，小说中的深目国保留了高举一手的特征，并对这种行为进行了解释——因为深目国的人眼睛长在手上，需要向上看的时候就高举双手，他们的视力范围随手上动作的改变而改变。其实《山海经》的举一手应该只是按图叙述而已。

　　明人蒋应镐图本、《边裔典》图本的深目国人都是按照经文画的一目，唯有清人成或因图本是两目，说明作者应该也怀疑到"一目"是"一曰"的讹误。

聂耳国

为人两手聂其耳

聂耳国在无肠国的东边，聂耳国的国民驱使皮毛有纹路的老虎，他们用双手托着自己的大耳朵。聂耳国悬居于海水中，可以看到各种奇怪的物事。在聂耳国的东边，也生活着两只老虎。

《大荒北经》中有儋耳之国，儋耳国即聂耳国。儋耳国是任姓禺号之子，食谷。郭璞说禺号应当又是《大荒东经》中黄帝之子禺貌（xiāo），为东海之神。这也证明了聂耳国居于海水中的合理性。唐人李亢的《独异志》中又有大耳国，据说他们以一只耳朵做席子，一只耳朵做被子，极为奇特。

《异物志》对此做出了解释，说的是儋耳国的人，将脸颊皮肤与耳朵连在一起，被人认为耳朵很大，这也是一种解释。但这种肢体的自残行为，更令人心惊，也并不排除有这种习俗的可能。郭沫若先生《说儋耳》中认为耳实际上是虚词，儋耳就是儋，与耳朵无关。

汉武帝元鼎六年（前 111 年）设置儋耳郡，在今天海南省儋州市一带。苏东坡曾被贬儋州，并作《儋耳》一诗。

夸父逐日

传说中夸父与太阳比赛跑步，逐渐向太阳靠近。他非常口渴，喝光了黄河和渭水尚不能解渴，于是去北方饮用大泽的水，但没等到达，就渴死在路途中。他死后，他的手杖化为了邓林。

夸父神话是中国流传最广的神话之一，对其内涵解释也是众说纷纭。袁珂先生的解释比较朴素和大众，认为可以将这则神话看作先民对光明、对真理的寻找，表达的是先民征服自然的雄心壮志。陶渊明的《读山海经诗》中也说"夸父诞宏志，乃与日竞走"。但有的学者又有新解，如茅盾先生在《中国神话研究 ABC》中认为夸父族是巨人族，日是神，夸父逐日是巨人族与神的斗争；而文学学者韩高年先生认为夸父逐日表现的是太阳崇拜活动；神话学者高海珑先生又认为夸父是可以掌控太阳、死而复生的神巫，逐日是一种控日巫术的仪式。还有一些学者认为夸父逐日反映的是先民大迁徙，最后甚至到达了美洲。因为《山海经》的巫术思维比较重，笔者认为还是不能作为实录对待，巫术活动说和太阳祭祀说可能性较大；茅盾的说法可以作为一种参考，他还认为《列子》中天帝派去帮愚公移山的夸娥氏二子，应该就是夸父的后人。

禺强

人面鸟身，珥两青蛇，践两青蛇

　　禺强是北方的神明，有着人面鸟身，他的耳朵上盘踞着两条青蛇，脚下也踩着两条青蛇。

　　《大荒北经》也有他的记载，不过脚下所践的是黄蛇；《大荒东经》则详细介绍了他的谱系，说黄帝生禺貌，禺貌生禺京，禺京是北海海神，禺貌是东海海神，很明显禺京就是禺彊。《大荒南经》中还有南海海神不廷胡余、《大荒西经》有西海海神弇（yǎn）兹。这就是《山海经》中的四海海神。《庄子·秋水》讲的就是河伯与北海海神若的对话，《庄子·逍遥游》中也提到北海的神兽巨鲲。

　　禺强除了是水神外，还兼有风神之职。《淮南子》记载隅强（即禺强）是不周风所生，可推测禺强司不周之风。而禺强主北海（即北冥），所以又往往和司北的水神玄冥联系起来。清人萧云从为海神玄冥与风神伯强各作了一幅图。伯强出自《天问》，可能也与禺强有关。

夸父国

右手操青蛇，左手操黄蛇

　　夸父国在聂耳国的东边，这个国家的国民身材高大，他们的右手拿着青色的蛇，左手拿着黄色的蛇。邓林在夸父国的东边，是两棵树。夸父国也叫博父国。

　　《大荒北经》中也有对夸父的记载，在经文中夸父是后土的后裔，居住在成都载天。他耳朵上盘踞着两条黄蛇，形象与夸父国国人极其相似。而夸父之死在《山海经》中有两种不同的说法，一种是本经中的夸父逐日中途渴死，另一种是《大荒东经》中的夸父，他是蚩尤的下属，在炎黄与蚩尤之战中被黄帝的下属应龙所杀。

　　还有一种夸父则是形似猿猴的怪鸟怪兽，比如《北山经》中梁渠山的嚣鸟，就长得像夸父；《西山经》中崇吾山的举父是一种猴类，也叫夸父。"山经"中的夸父与"海经"中的夸父形态差异较大，有何关系暂不明确。

海外东经

大人国

为人大，坐而削船

　　大人国的国民身材十分高大，平时都是腾云驾雾飞行。他们会制造木船，却不会走路，造船时都是坐着的。传说大人国的人要在母亲的腹中孕育三十六年才能出生，出生时便已头发雪白了。

　　《国语·鲁语》记载，吴国攻打越国时曾捡到一块巨大的骨头，需要用车来装载，吴王夫差十分好奇，派人询问最为博学的孔子。孔子说，当年禹会群神于会稽山，防风氏迟到被诛杀，这块骨头正是防风氏的。孔子还说，防风氏在夏商为汪芒氏，在周为长狄，今为大人国。

　　不过这很可能是后世的附会，孔子自己就是周人，长狄活跃在春秋前期，何来"周为长狄，今为大人"？而且也不符合"子不语怪力乱神"。长狄可能只是活动在长丘之狄，而与身高无关。

君子国

衣冠带剑，食兽

君子国的国民衣冠楚楚，喜爱佩戴宝剑，国民崇尚谦让，以不争为荣，他们以野兽为食，身旁常有两只大老虎可供驱使。君子国的代表植物是薰华草，其最大的特点是朝生夕死。

《淮南子》中记载，东方有君子国。汉人高诱以五行对君子国的位置进行了解释，称东方属木，主德仁，因而有君子之国。汉人京房也称，有凤凰高一丈二，在东方君子国出现。

《艺文类聚》引《外国图》中提到君子国的国民食用木槿花。清人吴任臣在《山海经广注》中认为薰华草即是木槿花，"薰"是"堇"的讹变。《诗经》提到"有女同车，颜如舜华"，舜华也即木槿。

清人李汝珍在《镜花缘》中也刻画了一个君子国。在这个国家的市场上，卖主力争低价卖上等货，而买主力争高价买下等货。如果臣民向国王进献珠宝，除非自己给销毁掉，否则都一律问刑，反映了作者的乌托邦思想。

奢比尸

兽身、人面、大耳，珥两青蛇

奢比尸长着人的面孔、兽的身子，大耳朵上盘踞着两条青蛇。

在《山海经》中有许多珥蛇的形象，比如海神禺虢、禺京、夸父、雨师妾等。郭璞注《山海经》中说珥蛇是以蛇贯耳；袁珂先生认为，珥蛇实际是一种类似耳环的装饰品。

奢比尸即奢比的"尸"，清人陈逢衡在《山海经汇说》中总结了十二个"尸"。马昌仪先生认为，这些尸一般指的都是被杀的神的灵魂以尸体的形态继续活动。不过"尸"也有神主的意思，与"尸"字相关的，大都是祭祀活动，所以也并不只是尸体的意思。

《管子·五行》提到黄帝六相，即蚩尤、大常、奢龙、祝融、大封、后土，其中奢龙担任的是土师。宋人罗泌《路史》认为奢龙就是奢比。

天吴

八首人面，八足八尾

朝阳之谷有水神天吴，即水伯，生活在河流之中。它有八个脑袋、八张脸、八条腿、八根尾巴，后背呈青黄色。

《大荒东经》记载，夏州国、盖余国有神人，八首八面，虎身十尾，名叫天吴。该记载与本条经文基本相同，八首八面的基本特征保留了下来，只是尾巴有八有十，当为同一神。

历史学者叶文宪先生的《吴国历史与吴文化探秘》中提到《说文解字》的"吴"字"从口从矢"。"口"表示大声呼喊，"矢"表示歪头回顾。因而"吴"的意思是指狩猎时大声喊叫，吴人就是狩猎时专门喊叫的人，披上兽皮就是虞人。天吴则是伟大的吴，应该就是吴人的氏族祖神。而吴国从商末泰伯、仲雍迁到江南后，天吴也就有了水神的含义。

毛民国

其为人生毛

　　郭璞称，在临海郡东南两千里之外的海岛上，生活着毛民。毛民身材十分矮小，体毛覆盖全身，如同熊一般。他们没有穿衣服的习惯，以洞穴为居所。

　　毛民国的国民都姓依，以黄米为食，身边常伴有四只鸟可供驱使。传说，大禹生均国，均国生役采，役采生修鞈（gé），修鞈杀死了绰人。天帝怀念绰人，为他的后代建立了国家，就是毛民国。清人郝懿行在《山海经笺疏》中认为毛民是修鞈之后，袁珂先生则认为毛民应当是绰人之后。

　　相传，西晋永嘉四年（310 年），吴郡司盐都尉戴逢曾在海边查获一艘船，船上有男女四人，外形与《山海经》中的毛民描述一致，他们无法与晋人进行言语交流。戴逢将这几人送到丞相府处置，途中有三人死亡，唯有一男子存活。后来朝廷赐给他一个女人当作伴侣，此人也渐渐融入市井生活，学会了汉话，他称自己的家乡在毛民国。

黑齿国

为人黑首，食稻使蛇

黑齿国国民的牙齿都是黑色的，他们以稻米和蛇为食，身边总是围绕着一条红蛇、一条黑蛇。还有一种说法认为，黑齿国在竖亥的北方，国民头部是黑色的，身边有一条红色的蛇。

《大荒东经》对黑齿国也有描述，说帝俊生黑齿，姜姓，以黄米为食，身边常有四鸟相伴。《吕氏春秋》中记载禹曾东行至黑齿之国。《管子》里齐桓公也自称南至吴越、雕题、黑齿等国。可知黑齿国大致在东南方向。《三国志·东夷传》说女王国往东渡海千余里，有倭国，再往东南行船一年，可到裸国、黑齿国。

对于黑齿，古人早有解释。宋人刘逵注《异物志》中说，西屠国用草染齿，染白作黑。染牙的风俗，在古代日本和东南亚比较常见，最初可能是对牙齿的净化和保健。日本还认为黑齿是贵族身份的一种象征，谷崎润一郎《阴翳礼赞》中提到 19 世纪末至 20 世纪初这种风俗还很常见。

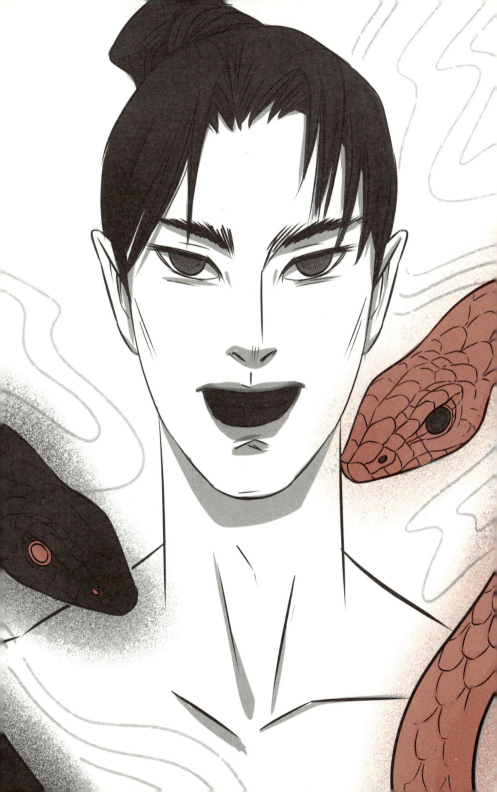

雨师妾

人黑，两手各操一蛇，左耳有青蛇，右耳有赤蛇

雨师妾通体黑色，两手各拿一蛇，左耳上挂着一条青蛇，右耳上挂着一条红蛇。也有说雨师妾在十日国北方，国民是人面黑身，双手各拿一龟。

关于雨师妾究竟为何物，古今学者有两种观点。一种是清人郝懿行、今人袁珂认为雨师妾是国名；另一种是晋人郭璞、明人胡文焕认为雨师妾是神名。但二者又有区别，郭璞认为雨师妾是雨师屏翳的妾，而胡文焕认为雨师妾是雨师屏翳本人，因为身体黑又称"黑人"。

在《山海经》中，持有两蛇的形象较多，海神禺貌、禺京、夸父都是如此。其中夸父与雨师妾的性质较为相似，两者都可以看作神话人物，也代表部族名字。

雨师曾与风伯一起帮助蚩尤大战黄帝，给黄帝造成了很大的困扰，直到黄帝派旱魃出战才赢得战争。在这则神话中作为神人的雨师可能是当时司祈雨的巫师，对雨师的崇拜是农耕文化中非常普遍的信仰。

劳民国

其为人黑

劳民国又被称作教民国，他们国家的人皮肤黝黑。传说劳民国位于毛民国的北边，国人的脸、手脚都是黑色的。

清人郝懿行在《山海经笺疏》中说，劳民国位于鱼皮岛夷的东北，他们与鱼皮岛夷一样手脚都是黑色的。鱼皮岛夷是当今赫哲等族旧称，因其族人以大马哈鱼的鱼皮为衣服而得名。

郭璞在"其为人黑"一句下注"食果草实也，有一鸟两头"。注与经文并无联系，故郝懿行认为郭璞注解的句子应当已经佚失。蒋应镐图本根据郭璞的注进行还原，其图本中的劳民国人拿着野果野草，身边带着双头鸟。

句芒

鸟身人面，乘两龙

　　句（gōu）芒是东方之神，有着鸟的身子、人的面容，出入驾乘着两条龙。据《左传》记载，句芒叫重，是少昊氏的弟弟。

　　句芒代表万物复苏的春天，所以又是可以赐人寿命的生命神。《墨子·明鬼》记载，秦穆公曾在白天见到过一个鸟身、方面、素服的神，穆公十分恐惧，意欲逃跑。这个神告诉他，你不需要害怕，你是有功德之人，我今天奉命再赐予你十九年寿命，让你的国家昌盛，子孙繁茂。穆公询问这位神使的名字，神使告诉他自己就是句芒。

　　明清图本的句芒有两种形态，一种是蒋应镐和成或因图本的人面人身、鸟爪乘龙，一种是汪绂图本的人面鸟身、鸟爪乘龙。

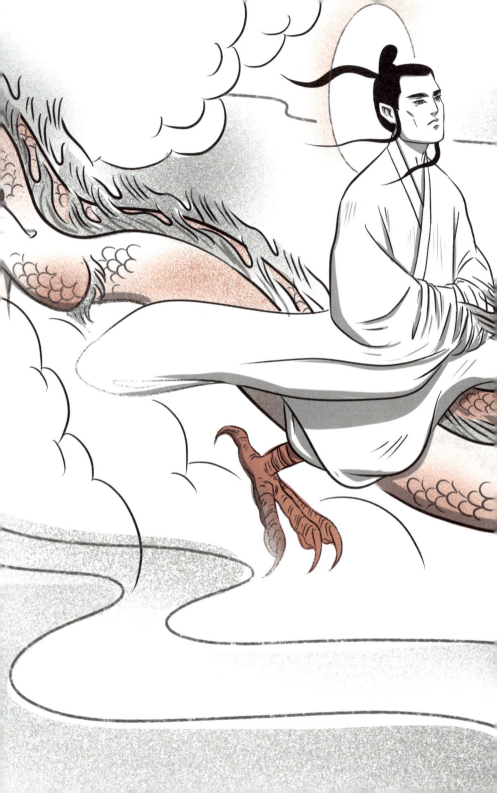

山海经 第十卷

海内南经

枭阳国

人面长唇，黑身有毛，反踵，见人则笑

　　枭阳国在北朐（qú）国的西边，他们国家的人长着长长的嘴唇，皮肤黝黑，有毛，脚尖向后，脚跟在前。如果见到别人他们就会笑，他们的左手拿着竹管。

　　《异物志》中将枭阳写作枭羊。据《异物志》，枭羊喜欢吃人，嘴巴很大。他们捉住人之后会发笑，笑的时候嘴唇会盖住他们的眼睛，人可以趁此时用刀把他们的嘴唇凿到额头上。传说枭阳十分害怕噼啪之声，于是人们在进山时常把竹子放在火中，发出的噼啪声会将他们吓跑。

　　郭璞注《山海经》提到《周书》中的狒狒也是人身反踵，笑的时候上唇会盖住脸。《尚书大传》记载，周成王时，北狄州靡国就进献过狒狒，应该也是枭阳一类。比较类似的还有《海内经》记载的南方赣巨人，比枭阳只多一个长臂。

巴蛇

君子服之无心腹之疾

　　巴蛇是蛇的一种，全身青、黄、红、黑各色相间，色彩斑斓。还有一种说法说它通体黑色，长着青色的头，生活在犀牛栖息的西方。巴蛇能够吞下一头大象，可需要消化三年才能将象的骨头吐出。这些骨头如果被君子服用，可以预防、治疗心脏、腹部的疾病。

　　《海内经》的朱卷国也有青首食象的黑蛇，应该也是一类。蛇能吞象，实在令人费解，所以屈原在《楚辞·天问》中就发问过："一蛇吞象，厥大何如？"巴蛇身体如此巨大，应当也相当之长。

　　后羿射日的故事中也记载了后羿斩修蛇于洞庭。修蛇就是长蛇，也就是后世认为的巴蛇，所以岳阳古称巴陵。今天岳阳楼边的巴陵广场有后羿射巴蛇的雕像。清人胡文焕提到，南方的蚺蛇也会吞鹿，大者有十余丈长，可能是巴蛇的原型。

氐人国

人面而鱼身，无足

氐（dī）人国在建木的西边，他们国家的人都长着人脸鱼身，只有鳍没有脚。传说氐人国国民为炎帝的后裔，所以他们能自由往返于天地之间。

清人郝懿行《山海经笺疏》中认为互人国就是氐人国，"氐""互"二字是因形似而讹。互人之国有一种鱼叫作鱼妇，是在帝颛顼死时由蛇化为鱼的。

其实氐人并不是什么神秘部落。《诗经·商颂》曰："昔有成汤，自彼氐羌，莫敢不来享，莫敢不来王，曰商是常。"氐、羌是从商代开始就活跃在西方的部落，其中很可能就包括周人，到后来逐渐华夏化。十六国时期的成汉、仇池、前秦、后凉等政权就是氐族人建立的。

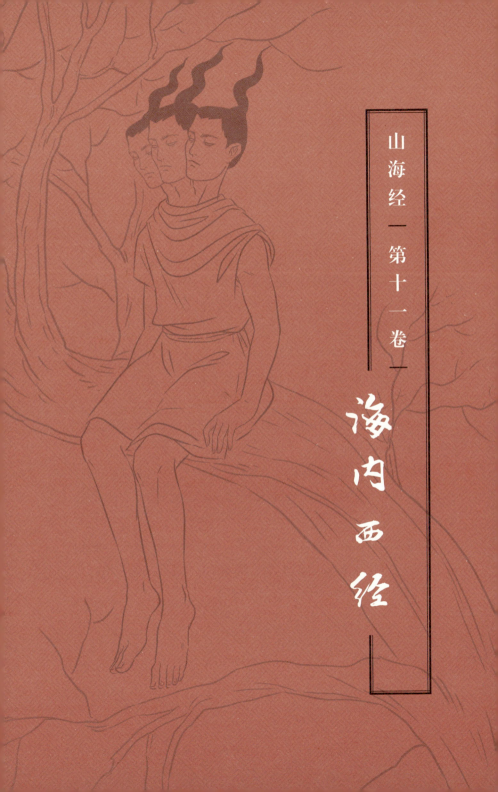

海内西经

贰负臣危

帝乃梏之疏属之山

天神贰负有一个臣子叫危，危和贰负一起合谋杀死了窫（yà）窳（yǔ）。于是天帝把危捆在疏属山之上，将他的双手反绑，给他的右脚上了枷锁，拴到了山头的大树上。

窫窳在《淮南子》中作猰（yà）貐（yǔ），《北山经》《海内南经》《海内西经》中说他也是人面蛇身的天神，天帝让巫彭等神医用不死药将其救活，复活后的窫窳变成了如牛、如虎、龙首的食人兽。

西汉刘歆在《上山海经表》中提到，汉宣帝时期，有人在上郡（今陕北一带）的一个石室内发现一个人，此人披头散发，脚被器械锁住，手被反缚在后。宣帝询问群臣，群臣都不知道此人的来历，唯有刘歆的父亲刘向指出此人正是被黄帝所罚的贰负。经此一事，时人争相学习《山海经》。注意这里刘歆提到是贰负，而非贰负臣危。但到晋人郭璞注《山海经》时就说是危，而且是危的尸体而非活人。到唐代的《独异志》，又进一步传成在石室中发现两人，被送到长安去的路上化成了石头。

开明兽

身大类虎而九首，皆人面

    开明兽身体庞大，形态似虎，有九个脑袋，且每个脑袋上长的都是人的面孔。它是昆仑上的山神，也是为天地镇守天门的神兽。《淮南子》说东方的东极之山，有开明之门。东极之山当也是类似昆仑之类的天帝下都。开明兽与鸾鸟、凤凰相邻，都是地位极高的神兽。《海内西经》中记载，开明兽还看守着太岁、珠树、不死树这些神奇的植物。

    《山海经》中昆仑的守卫还有《西山经》中的陆吾与《大荒西经》中的人面虎身神。不过开明兽是虎身九人首，而陆吾则是虎身九尾。马昌仪先生认为三者实为一神，是神话传说变异的反映。

三头人

其上有三头人，伺琅玕树

在昆仑有一种神树叫服常树，树上有个长着三个脑袋的人，他总是静静地观察着旁边的那棵琅玕树。

琅玕树高百仞，上面结满了美玉，这些美玉是专供凤凰食用的，十分珍贵。因此黄帝派了离珠日夜看守。离珠的三个脑袋六只眼睛轮流看守着琅玕树，等到凤凰飞来的时候，他便摘下琅玕树的果实给凤凰吃。

《海外南经》载，在帝尧和帝喾下葬的狄山，有熊、罴、文虎、蜼（wěi）、豹、离朱、视肉等神兽，这里的离朱与本条之三头人似不相同。《孟子》又提到黄帝有个大臣叫离娄，能够在百步之外观察秋毫之末，所以黄帝让他去寻找一颗丢失的宝珠。

凤皇

戴蛇、践蛇，膺有赤蛇

凤皇即凤凰。《海内西经》说，凤凰与鸾鸟生活在开明兽西边。它的头上缠绕着蛇，爪下踩踏着蛇，胸前也挂着红蛇；又说凤凰生活在开明兽的北边，和鸾鸟一起，头上戴着盾。盾，即盾牌，或许只是对凤凰之冠的形容。

凤凰是非常吉祥的神鸟，《南山经》记载，凤凰是一种长得像鸡的神鸟。它五彩斑斓，头上花纹形成"德"字，翅膀花纹形成"义"字，胸前花纹形成"仁"字，背部花纹形成"礼"字，腹部花纹形成"信"字，自歌自舞，出现则会天下安宁。

凤凰应该是源于东夷神话的祖先神禽。《诗经·玄鸟》中提到"天命玄鸟，降而生商"，商祖契是母亲简狄吞了玄鸟蛋而生，据《离骚》载，玄鸟就是凤凰。东夷首领太昊的后人是风姓，风在甲骨文假借为"凤"字，古人认为风来自神凤振翅。东夷另一首领少昊以鸟为官职，而凤凰又是最大的神鸟。

蒋应镐和成或因图本的凤皇，其中一爪都握着一支长矛。

山海经 — 第十二卷 —

海内北经

西王母

梯几而戴胜杖

在昆仑山的北方，西王母靠着桌案，头上戴着玉胜。她的南边有三青鸟，正在为西王母寻觅食物。

西王母在《山海经》中多次出现，她有两个典型特征：一是形貌为"虎齿、豹尾、戴胜"；二是有三青鸟、三足乌为其取食和使唤，开明兽为其守卫。

西王母形象有着从妖到人，再从人到仙的显著变化。从《山海经》看，西王母还是半兽半人的样子，即使"虎齿、豹尾"只是她的装束，那也够狰狞了。而到了《穆天子传》里，西王母就俨然成了一个西方女族长，她在瑶池之上接见周穆王，二人宾主尽欢，还有诗唱和。

到汉朝的画像石中，西王母形象就比较常见了，她成了一个富贵雍容的女神，陪伴的三青鸟、三足乌也都保留了下来。当时越地祭祀西王母还有个配对的东王（皇）公，不过后来东王（皇）公信仰逐渐淡化，而西王母则成了玉皇大帝的妻子，其在天庭的身份可谓是一人之下了。后世又有燕昭王、汉武帝、宋徽宗等见西王母的传说，这都说明西王母在民间是拥有广泛的群众基础的。

犬戎国

犬戎国又被称作犬封国，这个国家的男子都长着狗的外貌，女子却都长得很美，她们要跪着向自己的丈夫进献酒食。

根据《大荒北经》记载，黄帝生苗龙，苗龙生融吾，融吾生弄明，弄明生下两头白犬，两头白犬雌雄同体，犬戎国即是他们的国家。又说犬戎是神，人面兽身。

犬戎在历史文献中经常出现，是西周时期非常强大的部族。它很可能就是金文和《诗经》等经常提到的"玁（猃，xiǎn）狁"或"荤（xūn）粥（yù）""獯（xūn）鬻（yù）"，其本身无怪异，作战时甚至出动战车。据《史记·周本纪》，西周末年，申侯、缯侯联合犬戎攻破镐京，杀死周幽王，灭掉了西周，其实力可见一斑。但之后似又绝迹，文献中最后一次出场是春秋前期被虢国击败。其活跃在关中一带，应是被秦国吞并。根据《汉魏丛书》辑《搜神记》载，神犬盘瓠因为叼来了高辛氏敌人房氏的头颅，所以高辛氏将女儿许配了他，犬戎就是他们的后代。而据今本《搜神记》，盘瓠的后代是长沙、武陵蛮，犬戎反而成了他的敌人。其实这正是《山海经》的犬戎神话传播到南方变成盘瓠神话的表现。历史学家夏曾佑、顾颉刚、杨宽等认为盘瓠就是盘古的原型，从名字看可通用，但形态差异较大。

鬼国

人面而一目

　　鬼国的国民有着人的外貌，却只有一只眼睛，长在脸的正中部分，看起来十分恐怖。

　　《海外北经》记载了跟鬼国人类似的一目国，他们是威姓少昊之子，《魏书·东夷传》也记载了女王国北边有鬼国。

　　商代有鬼方，是商朝西北的一个强大部落。《易经·既济卦》中说殷高宗武丁伐鬼方，三年才战胜。古本《竹书纪年》中说周王季历攻打西洛鬼戎，俘虏十二翟王。西周青铜器小盂鼎也记载了周人伐鬼方。春秋时代有隗（wěi）姓赤狄，应该就是鬼方的后裔，"威""鬼""隗"音近，当是通假。但鬼方应该是戎狄之属，而不是东夷少昊后裔。春秋时代，赤狄分为皋落氏、廧（qiáng）咎（gāo）如、潞国、甲氏、留吁、铎辰六部，分布在今天山西中部到东南部一带。赤狄部落非常强大，仅一个留吁就南下灭亡了邢国和卫国，靠齐桓公带领诸侯才将其驱逐。后来甘昭公又勾结赤狄部落，将哥哥周襄王驱逐出成周。但之后随着晋国扩张，赤狄屡战屡败，相继被吞并于华夏。可见鬼方本身也无特异之处，仅因其名而被传成了一目国。在明清《山海经》图本中，鬼国有人形和蛇形两种形态，人面蛇身的形象绘制在《边裔典》里。

环狗

兽首人身

　　环狗是一种人兽合体的生物，有着野兽的头和人的身子。还有一种说法说环狗长得像刺猬，形状又如同狗，通体呈黄色。从"环狗"名字判断应该是和狗相似，明清图本的环狗也均是狗头人身的形象。袁珂先生认为，环狗或许与犬戎、狗封是一类性质。实际上半人半狗的神兽现实中当然不存在，其原型可能只是一种以狼为崇拜的部族。

据比尸

其为人折颈，披发

天神据比死后，其尸身残缺不全，脖子被折断，披头散发，一只手也不知去了哪里。《淮南子》中说"诸比，凉风之所生也"，袁珂先生认为诸比、据比一音之转，或是一物。其惨死的形态，应该是经历了诸神的战争。

明代《永乐大典》收录了据比尸、奢比尸图，是今天所见最早的两幅《山海经》图，其释文为"其人折颈，披发一手"。清人成或因图本的据比尸两手俱全。

袜

人身黑首从目

袜（mèi）是一种奇特的生物，有着人的身体、黑色的头，脸上的眼睛和眉毛都是竖着长的。

郭璞注《山海经》中指出袜就是魅。汉碑中"魑魅"正是作"褵袜"，"魑魅魍魉"这个成语我们很熟悉，指的是各种鬼怪的通称。对魅较早的记载见于《左传》，说舜把混沌、穷奇、梼杌、饕餮等四凶放逐到四方边境，用来抵御蛮荒地区的魑魅魍魉。《周礼》中说："以冬日至，致天神人鬼，以夏日至，致地示物魅。"可见，鬼魅虽然是一个词，但鬼是人鬼，魅是物魅，还是有区别的。

《论衡》说魑魅性情与人不同，时隐时现。《后汉书》记载傩舞中有扮演专门食魅的雄伯。在汉唐，人们对魅已经有了充分的认识，很多故事中魅都是由原型幻化成人，包括魑魅、精魅、妖魅等。《古镜记》中讲述了狸魅幻化成少女的故事，《甄异传》中则有獭魅变为女子与杨丑奴相遇的故事。

戎

戎的外貌和人差不多，只是头上比人多了三个犄角。

戎也并不是什么奇怪民族，先秦时期，华夏以外的部族统称"诸戎"，或称"蛮夷戎狄"，而"戎"常常和"狄"混用，多用来指分布在西部和北部的部族。春秋时代出现的有山东曹县一带的戎，太行山脉的山戎，黄河下游北岸的北戎，豫西山脉的陆浑戎、姜戎、允戎、扬拒、泉皋、伊雒戎，与晋国通婚的大戎、小戎，秦穆公时期的"西戎八国"等。

戎狄和华夏人种并无区别，戎中有姜戎，和周代姜姓国当是同源；周人本身也发源于戎狄之间，与晋国通婚的大戎也是姬姓。只不过周人较早进入文明时代，则对落后亲戚贬称为"戎狄"。先秦的戎在战国时代基本融入华夏。

关于戎头上三角的状态，马昌仪先生认为原型应该是巫师在头上或者帽子上装饰了动物的角，而"三"应该包含某种原始信仰。总之并无怪异之处。

蓬莱山

在海中

蓬莱山是海中仙山，与方丈、瀛洲并称三仙山。山上有仙人宫室，都是用金玉制造，山上的鸟兽都是白羽毛，远远看去好像是云朵一样，最吸引人的还是山上的不死药，齐威王、齐宣王、燕昭王都曾派人去寻找过。远远望去，三仙山漂浮在海面上，等走过去好像又沉到水下了，再走近一些，三仙山就直接被风吹散了。

秦始皇也想找三仙山，有人推荐了仙人安期生，据说他去过蓬莱山。秦始皇和安期生聊了三天三夜，但安期生最终也没带秦始皇去寻找。汉武帝时的方士李少君也说自己见过安期生，当然汉武帝也没能找到这座仙山。这正应了李白所写的"海客谈瀛洲，烟涛微茫信难求"。

历史学家顾颉刚先生认为中国古代神话分为两大体系：西方的昆仑神话和东方的蓬莱神话，但是周人把昆仑神话带到东方后，才在沿海地区形成蓬莱神话。

冰夷

人面，乘两龙

天神冰夷长着人的面孔，出入驾乘着两条龙，居住在三百仞深的从极渊。

《穆天子传》说"冰夷河伯"，可见冰夷就是河伯，又叫冯夷、冯逸。河伯原型应该就是黄河水神，其神话源远流长，在殷墟卜辞中就有对"河"的祭祀，战国祭祀风气依然十分浓厚，甚至以人为祭品沉水，著名的西门豹治邺故事就是针对河伯的祭祀。

河伯在古文献中又演化为黄河边部落首领。根据今本《竹书纪年》，夏王芬时期，河伯和洛伯战斗过；根据《楚辞·天问》，河伯被后羿射伤，妻子洛嫔也被抢走；根据古本《竹书纪年》，商王亥被有易氏杀死，继位的商王微联合河伯，攻灭有易氏；根据《博物志》，费国国君费昌看到黄河上有两个太阳，东边的将要升起，西方的将要熄灭，冯夷告诉费昌这象征商代夏，所以费昌投靠了商汤。

但在一些记载中，河伯、冯夷是两人，如《龙鱼河图》说河伯叫吕公子，而冯夷是河伯的妻子。

关于河伯的形态，《海内北经》说"人面乘两龙"，《尸子》说"长人鱼身"，《历代神仙通鉴》说"人面蛇身"。

列姑射山

在海河洲中，山环之

列姑射山在大海中的河洲上，包括姑射之山、北姑射之山、南姑射之山，是由海岛组成的群岛。传说，这里有仙人居住，仙人的肌肤和冰雪一样晶莹剔透，不吃粮食，吸风饮露，乘云气，御飞龙，遨游在四海之外。可见仙子气质之高绝，神通之广大。

南宋著名道士丘处机作了一首《无俗念》，借梨花表达自己超然脱尘之志，其中有一句就是"浑似姑射仙人，天姿灵秀，意气舒高洁"。金庸先生在小说《倚天屠龙记》中即用这首词开场，并用来形容小龙女的风姿。

在民间故事中，姑射仙子还是掌雪之神，《喻世明言》里记载："每遇彤云密布，姑射真人用黄金箸敲出一片雪来，下一尺瑞雪。"

海内东经

雷神

龙身而人头，鼓其腹

　　在吴西的雷泽湖中居住着雷神，他有着龙的身子、人的头，拍打自己肚子的时候就会发出轰隆隆的声音，也就是雷声。

　　当年黄帝战蚩尤时，将夔牛的皮制成了鼓，又将雷神的骨做成槌，敲击之后，方圆五百里都能听到鼓声，威震天下。雷神应该源于远古的雷崇拜。雷神会带来雨水，这意味着丰收，同时也代表着灾难，因而雷神兼有生殖繁衍与灾难两种性质。

闻一多先生《伏羲考》曾多次指出雷神是洪水泛滥的罪魁祸首。值得注意的是，雷公虽然出于报复用洪水灭世，但同时也保证了人类的继续繁衍，总是会给他认可的一男一女留下生机。又有点类似《圣经》中的创世神话。

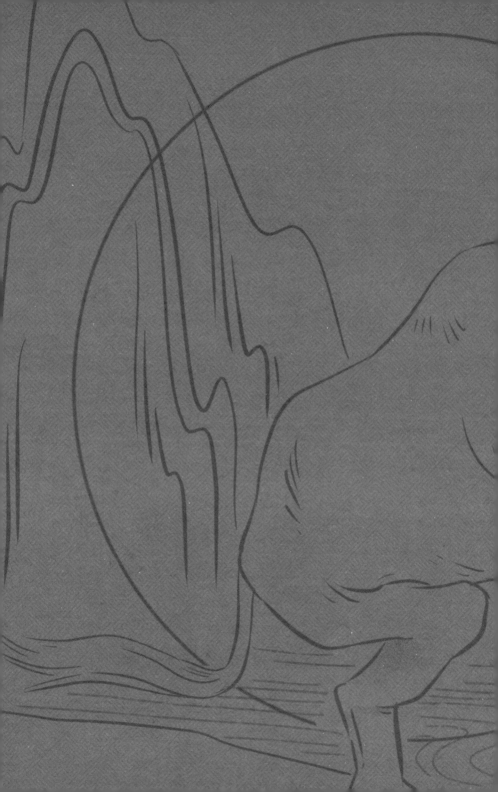

折丹

处东极以出入风

在大荒之中，有三座山，分别是鞠陵于天、东极、离瞀（mào），太阳和月亮从这里升起。在这里有一个神叫作折丹。

折丹是古老的四方神，在出土的殷墟卜辞中较为完整地记载了四方神与四方风神。古文字学家胡厚宣先生于《甲骨文四方风名考证》中载："东方曰析，凤曰协"，"南方曰夹，凤曰微"，"西方曰夷，凤曰彝"，"北方曰宛，凤曰伇"。而《山海经》的四方风神与风分别是："东方曰折丹，来风曰俊"，"南方曰因乎，夸风曰乎民"，"有人名曰石夷，来风曰韦"，"北方曰鹓，来之风曰猣"。虽然不完全相同，但其演化之迹是清晰可辨的。

有趣的是在《尚书·尧典》中，作者把"东方曰析，凤曰协"一句译为"厥民析，鸟兽孳尾"，意思就是春天民众开始破土耕种，鸟兽也开始交配繁殖。之后太史公马迁又抄成"其民析，鸟兽字微"。四方神与四方风神名称都被曲解，就有了《史记·五帝本纪》中帝尧时期的四季场景。后世注疏家也望文生义，直到相关卜辞被发现，才被学者正确释读，同时《山海经》的价值也重新为人们所认识。

小人国

名靖人

有个小人国，国民身材矮小，只有九寸高，被称为靖人。

《说文解字》曰："靖，细貌。"因此小人又名靖人，《淮南子》作"竫（jìng）人"，《列子》作"诤人"。据《列子》，东北极有诤人长九寸。《山海经》里记载的小人有四种，除了靖人之外，还有《海外南经》的周饶人、《大荒南经》的焦侥人和菌人。菌人和靖人音近，当是同一族。周饶和焦侥也音近，亦当是同族。

至于靖人和周饶人是否一族，郭璞《山海经图赞》云"焦侥极么（yāo），靖人又小"，似乎是当作并列的二族，今人郭世谦先生认为非一族，而袁珂先生则认为当是同一族。

汉尺一尺约 23.1 厘米，九寸才 20.79 厘米，这么小的人类，世界上应该是不存在的。电影《霍比特人》的矮人族在历史上真有原型，即印度尼西亚佛洛雷斯岛于 4.1 至 4.2 万年前穴居的霍比特人，该人种身高仅 1 米左右。

王亥

两手操鸟，方食其头

困民国中有一个叫王亥的人，手中拿着一只鸟，正在吃鸟的头。据《天问》和古本《竹书纪年》等，王亥和弟弟王恒养了很多牛羊，并将它们寄养在有易族河伯那里。王亥和王恒初到有易国时得到了君主绵臣的款待，酒酣之时，王亥手持盾牌起舞，引来绵臣妻子的爱慕，两人当晚便发生苟且之事。绵臣得知后，一气之下杀死了王亥。后来，殷王甲微借助河伯的力量攻伐有易，杀了绵臣。

《史记·殷本纪》中没有关于此事的记载，甚至王亥的名字都是错的。只有简单的一句："振卒，子微立。"到了晚清，王国维先生在殷墟卜辞中发现了王亥、王恒的名字，证明《山海经》《天问》等神话文献包含了一定历史史实。

《大荒东经》提到河伯本与有易亲近，暗地将其族人送出，他们变出鸟足，以野兽的肉为食，便是摇民国。

五采鸟

相乡弃沙

大荒之中，有一种长着五彩羽毛的鸟，它们相对起舞，其乐融融，是天帝帝俊在凡间的好友。帝俊在凡间的祭坛，也由这种五彩鸟掌管。

《大荒西经》中记载："有五采鸟三名：一曰皇鸟，一曰鸾鸟，一曰凤鸟。"可知五彩鸟即是皇鸟、鸾鸟、凤鸟。这三种鸟儿都是神性极高的鸟类，凤凰更是知名的瑞禽，凤凰的出现，代表着天下的安宁。在诸沃之野，鸾鸟自歌，凤鸟自舞，是一派歌舞升平的景象。

袁珂先生认为，帝俊本身就是玄鸟化身，而凤凰、鸾鸟都是玄鸟神话被夸大后形成的，玄鸟在文献中有时也记作凤鸟，这也是五彩鸟为"帝俊下友"的解释。关于这个"友"字，后世的意思都是朋友，但当时也有近臣的意思。大颠、闳夭、散宜生、南宫适，即所谓"文王四友"。五彩鸟为天帝职守，当是近臣而非好友。

应龙

杀蚩尤与夸父，不得复上

在大荒的东北角中有一座山叫作凶犁土丘，应龙就在这座山的南端。因为杀死了蚩尤与夸父，应龙不能再回到天庭，所以人间常常发生旱灾。当旱灾发生的时候，人们便学着应龙的样子求雨，果然次次都灵验。

应龙是司风雨之神，郭璞认为这是龙的本事，求雨并非人力所能。《楚辞·天问》中有："应龙何画？河海何历？"汉人王逸在注中解释，相传大禹治水之时，有神龙以尾画地，疏导了水的路径，解决了大禹的困扰，后世以应龙求雨，来源于此。

传说蚩尤、夸父同为炎帝之裔，在炎帝失败后继续与黄帝进行战斗。应龙属黄帝派系，杀害了蚩尤与夸父。在《大荒北经》中，蚩尤与黄帝大战于冀州之野，蚩尤请来了风伯雨师，呼风唤雨，于是黄帝派出了主旱的女魃，风雨停止，失去了助力的蚩尤被杀。

应龙是龙的一种，《广雅·释鱼》中说："有鳞曰蛟龙，有翼曰应龙，有角曰虬龙，无角曰螭龙，未升天曰蟠龙。"龙乃最为高贵的神兽，可见应龙之神通。

夔

东海有流波山，在海外七千里，生活着一种野兽，长得像牛却没有角，身上的毛皮是青色的，只有一只脚。它出入水必伴随风雨，有日月一样的光芒，叫起来声音像雷一样，它的名字叫夔。黄帝得到了夔，将它的皮做成了鼓，又取了雷兽的骨头做了鼓槌，一击之下可以声闻五百里，威震天下。

《山海经》里与夔牛有关的地方有三处，其中两处记载在《中山经》中，但这两处记载都非常简略，只有"其山多夔牛"几个字，并未涉及夔牛本身的形象。晋人郭璞在注里说，夔牛就是大牛。而相对《中山经》中夔的质朴，《大荒东经》中的夔明显带着神性。

对于夔的原型到底是什么动物，主要有牛、龙、猴三种说法。牛的说法见于郭璞注《中山经》，明清图本也均是牛状。龙的说法见于《说文解字》，说夔"如龙，一足"。《国语·鲁语》里则称夔是人面、猴身。《韩非子》记载了一个故事，鲁哀公问孔子说，夔只有一只脚，是真的吗？孔子回答，夔并没有什么不同的地方，只是精通音律，所以尧说"一个夔就足够了"，而不是"夔只有一只脚"。因此"有一夔足"是对饱学之士的评价。《史记·五帝本纪》中的夔就担任典乐。这应该和"黄帝四面"一样，都是神话古史化的表现。

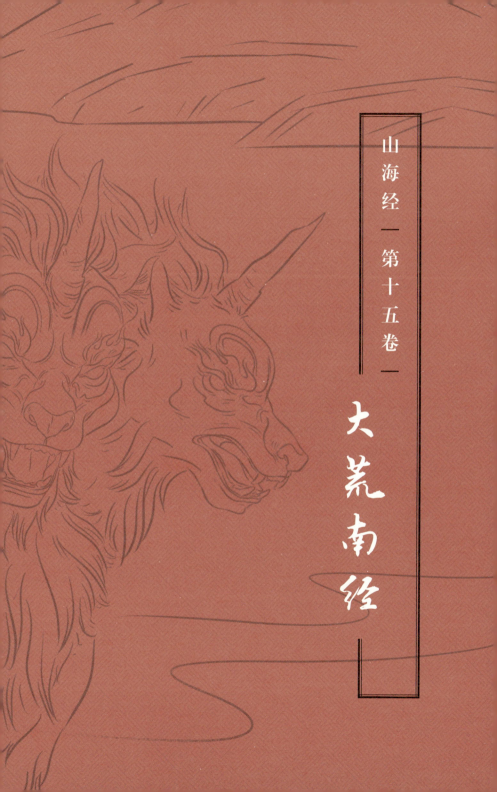

山海经 — 第十五卷 —

大荒南经

跊踢

左右有首

在南海之外，赤水以西，流沙以东，有一种怪兽名叫跊（chù）踢，它脖子分开，左右各有一个脑袋。

《吕氏春秋·本味》云：“肉之美者，述荡之掔。”清人毕沅认为，此处的“述荡”即跊踢，是因为篆文相似而产生的错误，可从。那么跊踢的肉很好吃，就是不知道有谁吃过。

在《大荒西经》中，也有一左一右两个脑袋的屏蓬；《海外西经》中，有一前一后两个脑袋的并封；道教文化中，又有一左一右两个脑袋的共封。共封、并封、屏蓬应该都是一种。对于这种两头的怪兽，闻一多先生在《伏羲考》中指出，本应写作“并逢”，是指动物雌雄同体的意思。

至于跊踢和并封的关系，袁珂先生认为，跊踢与并封并非同一生物，只是两者都有自为牝牡的特性。

盈民国

於姓，黍食

　　盈民之国的人们姓於（wū），以黄米为主要食物，发生灾荒时也有人吃树叶充饥。

　　盈民国可能和《海内经》中的"有赢民"有关，"盈""赢"在春秋战国可通用，那么这个盈民国也可以写作赢民国。与此类似的还有《大荒东经》中的柔仆民，"是维赢土之国"。盈民国和柔仆民都和赢姓有关。赢姓是秦国国姓，据《史记·秦本纪》，其始祖可以追溯到尧舜禹时期的大业、大费。周代赢姓国有秦国、徐国、钟离国、葛国、梁国、江国、黄国等。

　　至于这里说的於姓，可能和赢姓部族迁徙於地有关。战国商鞅的封地就是"商於之地"，在战国秦楚之间，即今天的陕西商洛。

双双

三青兽相并

　　双双是一种多体合一的神奇生物，经文说它是三青兽相并。双双与跂踵相邻，都在南海之外，赤水之西，流沙之东。根据经文和晋人郭璞《山海经图赞》记载，它是兽，但是根据汪绂图本，"三青兽"应为"三青鸟"，清人郝懿行《山海经笺疏》中则说是"双双之鸟，一身二首，尾有雌雄"，又似是二青鸟。在明清图本中也呈现两种形态，蒋应镐和成或因图本是三身鸟，而吴任臣和《禽虫典》图本则是三头兽。

　　双双在跂踵旁，可能来源都是先民雌雄同体的生物。之后经过讹传变成了两身或者三身。《大荒东经》中有"三青马""三青鸟""三雅"等描述，疑即双双之类。

因因乎

处南极以出入风

有一位神名叫因因乎，南方称他为因乎，从南方吹拂过来的风被称作民。因因乎就在大地之南掌管风起风停。

《大荒东经》中提到东方神折丹，因因乎则是南方神。四方风神在殷墟卜辞中出现过，其中南方之神叫夹、南方风神叫微，和这里的南方之神叫因乎、南方风神叫民的名称有一定区别，但其结构还是一致的。胡厚宣先生认为"夹"与"因"相通，古天文学家冯时先生又认为"微"与"民"相通。按《广雅》"因，大也"，"因乎"或许有高大之意。

值得一提的是《尚书·尧典》，此文作成于战国秦汉时期。作者把"南方曰夹，风曰微"翻译为"厥民因，鸟兽希革"，之后又被太史公抄成"其民因，鸟兽希革"，意思是夏天人们忙着在田里除草，鸟兽也开始更换羽毛。其他三方风也全部曲解，直到胡厚宣先生用殷墟甲骨文结合《山海经》，才还原了这一事实。

蜮人

食黍，射蜮是食

有一座山名叫蜮山，有一个国名叫蜮民国。这个国家以桑为姓，主要以黄米为食，也捕杀蜮，并将其当作食物。

蜮是一种很毒的动物，又被称为短狐，样子像鳖，会含着沙子喷射人，如果人被击中就会病死。"狐"可能是"弧"之误，大概它为弧形。蜮还会变化，据说春秋周惠王时期，王子颓叛乱，惠王出奔郑国，郑人进入王府取玉，而玉化为蜮射人。《诗经·何人斯》云："为鬼为蜮，则不可得。"把蜮和鬼并列，可以说是非常恐怖了。

《博物志·异虫》则说江南山溪中，有一种射工虫，长仅一二寸，口里有弩的形状，含气射向人的影子，被射中的相应身体部位就会发疮，治不好的话就会死亡。射工虫应该就是蜮，短弧解释为口里有弩的形状比较合理，但说含气射向人的影子则比较夸张。这就是后来"含沙射影"的成语出处。

《古小说钩沉》中辑《玄中记》云："蜮长三四寸，蟾蜍、鹭鸶、鸳鸯悉食之。"原来蜮也有天敌，而蜮民国人却以蜮为食物。蜮的形态在明清图本不太一样，成或因图本的蜮似兽，汪绂图本的蜮似鳖。

祖状之尸

方齿虎尾

　　有个人正咬着老虎的尾巴，名为祖（zhā）状之尸。在宋本《山海经》中，"祖状之尸"被写作"柤状之尸"，所以"祖"应该读"柤（zhā）"。

　　祖状之尸活动在宋山，山上有一种红色的蛇叫作育蛇。山上生长着一种枫树，相传这种枫树是当初黄帝杀死蚩尤后丢弃的手铐脚链所化。

　　需要说明的是，明清图本中，祖状之尸为方齿、虎尾，但"方齿"似无特殊之处，而《山海经》又有"有人方……"的句式，可见"方"应该是"正在"的意思，那么"齿"就应该是动词"用齿咬"的意思。

　　诸如女丑之尸、祖状之尸，都是《山海经》中较有代表性的尸，十分神秘。

羲和浴日

浴日于甘渊

　　东南海之外，甘水一带，有羲和国。羲和国有个女子叫羲和，她嫁给帝俊为妻，生下了十个太阳，她会在甘渊中给太阳洗澡。

　　羲和是帝俊的妻子，《山海经》中帝俊还有两个妻子，一个是生十二月的常羲，一个是生三身国的娥皇。"羲和""常羲""娥皇"的"羲""我"相似，且《大荒东经》里有"女和月母之国"，说明"月母"名"和"，清人郝懿行怀疑三者都是一神分化。

　　羲和是太阳的母亲，羲和生十日、常羲生十二月，这一般被看作日月起源的神话，此处既是自然日月也是历法日月，天干有十日，地支有十二月，从数量上看有一定关系。所谓"羲和浴日"应该来源于原始日崇拜，南阳汉画像石有"羲和浴日图"，画着羲和捧着太阳的模型运转，当以此来祈祷日出日落。

　　《楚辞·离骚》里，屈原说"吾令羲和弭节兮，望崦嵫而勿迫"，这里把羲和说成是太阳的车夫，"浴日"变成了"驭日"。不过，羲和更多形象还是与历法有关，如《吕氏春秋》里，羲和和常仪为黄帝手下的日官和月官，《尚书·尧典》里羲和又变成羲氏兄弟与和氏兄弟四或六人。

焦侥国

嘉谷是食

焦侥（jiǎo）之国的国民身高只有三尺，以几为姓，以优质谷物为食。

《国语》中记载吴王夫差得到一块会稽山的巨骨，派人去问孔子这是什么骨头，孔子回答说这是防风氏的。吴国使者又问最高的人有多高呢？孔子说，焦侥氏的人身高只有三尺，是最矮的人类，而最高的人是他的十倍，则就是三丈之高。

小人国是古代各种典籍中经常出现的一个意象。三国时期的《魏略·西域传》就提到康居国西北有短人国，男女也是三尺之高。大概在今天乌兹别克斯坦境内，可能也是来自焦侥氏的讹传。

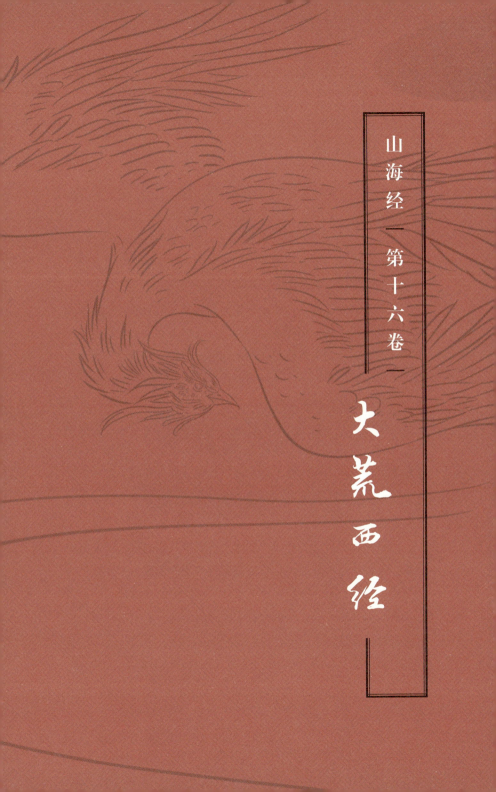

山海经 第十六卷

大荒西经

女娲之肠

处栗广之野，横道而处

　　有十个神人，是女娲的肠子变化来的，叫女娲之肠。在栗广之野，他们像肠一样横在道路上居住。

　　女娲之肠化为神人，这种明显的尸体化生的观念，是人类起源神话常见的一种，在印度、两河流域等地都有类似母题流传，中国的盘古化万物也是典型的尸体化生。《海外北经》有无肠之国，因无肠而男女不分，可见肠应指生殖之肠。而女娲之肠化生神人，或许是上古生殖崇拜的反映。

　　古代神话中女娲地位非常显赫。《淮南子》有女娲补天的神话；《风俗通义》又有女娲造人的神话；《说文解字》的"娲"字释为"古之神圣女，化万物者也"；《楚辞·天问》说"女娲有体，孰制匠之"。可见，在战国秦汉时期，女娲具有创世和造人两大神格。

　　1943年在长沙子弹库出土的楚帛书又给我们提供了一个新的神话：天地还是一片混沌之时，有了雹戏（即伏羲）、女填（当即女娲）两位神明，他们生育了掌管一天四时的四方神。后来炎帝又派四神开辟天地，世界才有了四时的规则。这说明伏羲和女娲战国时代就被配成对了，他们的故事远在盘古之前。汉人王逸提到女娲人首蛇身，一日七十化；明清图本女娲亦均是人首蛇身。

狂鸟

五采之鸟，有冠

狂鸟是一种头上有冠、羽毛五彩的鸟。

《尔雅》说狂鸟又作"狂梦鸟"，《玉篇》又作"鵟（kuáng）鸟"。五彩之鸟在《大荒东经》《大荒西经》中都有出现，它们是帝俊的下属，分为凤鸟、皇鸟、鸾鸟三种，都是神性极高的瑞禽。袁珂先生认为"狂"就是"皇"的音转，而"梦"就是"凤"的音转，可从，狂鸟并不是第四种五彩鸟，与"狂""梦"也没有关系。但《海内经》的蛇山还有一种五彩的翳鸟，《楚辞·离骚》说"驷玉虬而乘翳（翳）"，不知道是否是这三种五彩鸟的分化。

石夷

处西北隅，司日月之长短

有一个人叫作石夷，在大地的西北角掌管日月的起落时间。

石夷是西方之神，与东方之神折丹、南方之神因因乎同为四方神，是中国神话中最为古老的神明之一。

四方神与四方风神在殷墟卜辞中出现过，其中西方神叫夷，西方风神叫彝，和这里的西方之神叫石夷、西方风神叫韦的称呼区别不大。"彝""夷"两字本可通用，如《周礼》中的"鸡彝"在《礼记》中作"鸡夷"，都是刻着鸡形图饰的酒樽。至于"夷""韦"古韵也相通。

值得一提的是《史记·五帝本纪》其中有一句是"其民夷易，鸟兽毛毨（xiǎn）"，太史公此段抄录于《尚书·尧典》并略加修改，原句是"厥民夷，鸟兽毛毨"。按照这句话的理解，应该是秋分的时候人们忙着收割庄稼，鸟兽更换了羽毛。对照卜辞和《山海经》，可以发现《尚书·尧典》和太史公曲解了本义。

虫状如菟

状如菟，胸以后者裸不见，青如猨状

有一种野兽，形状如同兔子，胸脯之后全裸露着却看不见，它的皮肤是青色的，如同猿猴一般。

清人郝懿行在《山海经笺疏》中说，菟，即兔。这里用"虫"来形容也不奇怪，因为《大戴礼记》就把所有动物归为"赢（luǒ）鳞毛羽昆"这"五虫"。"羽虫"是禽类，首领为凤凰；"毛虫"是走兽类，首领是麒麟；"昆虫"是甲壳和水族动物，首领是灵龟；"鳞虫"是带有鳞片的动物，包括鱼、蛇等，首领是蛟龙；"赢"则是人、青蛙等无毛无鳞的生物，首领是圣人。可见，这种神兽应该是"毛虫"类。

太子长琴

处榣山，始作乐风

有一个人号称太子长琴。颛顼生下老童，老童生下祝融，祝融生下太子长琴。太子长琴住在榣（yáo）山，他发明了音乐并风行于世。

《大荒西经》说颛顼生老童，老童生重黎；《世本》说颛顼娶女禄生老童；《史记·楚世家》说颛顼生称，称生卷章，卷章生重黎和吴回，此二人先后被任命为祝融。荆门包山楚简有楚先祖"老童、祝融、鬻熊"，可见"老童"是对的，而"卷章"是讹误。

榣山多桂及榣木，因此被叫作榣山。明代《说郛》说祝融取了榣山的楱木制作成了琴，弹之有异声，可以招来五彩之鸟。后来祝融有了孩子，就取名长琴。

十巫

大荒之中

大荒当中，有座山叫丰沮玉门，太阳和月亮从此落下。还有一座灵山，巫咸、巫即、巫盼（一作"盼"）、巫彭、巫姑、巫真、巫礼、巫抵、巫谢、巫罗等十巫在山上采药，并通过此山往返于天上人间，灵山生长的药品数以百计。

巫在上古是个特殊的职业，据《国语》记载，过去民神杂糅，人人皆是巫史。后来帝颛顼进行宗教改革，绝地通天，将祭祀权与世俗权分开，祭祀天地成为王者的专利，其中沟通人和神的媒介就是巫。最早男巫叫觋（xí），女巫才叫巫。不过巫往往又可以成为通称。同时，巫因为是当时高级知识分子，医又是最早的中医，文献往往"巫医"并称，"百药爰在"正是医乃巫另一职责的反映。

先民认为山顶距离天的距离更近，所以祭坛往往设立在山顶。甲骨文就有"燎于山"的记载。杭州反山良渚文化墓地中甚至还有人工堆成的土山，良渚文化出土了不少玉琮，其内圆外方并呈柱体，正是天圆地方以及天梯的反映。《海外西经》的登葆山、《大荒西经》的天穆山、《海内经》的肇山以及这里的灵山都是这样的"天梯"。十巫在其他文献也出现过，《吕氏春秋》说"巫彭作医，巫咸作筮"，《尚书》说商王太戊时有巫咸。

弇兹

人面鸟身，珥两青蛇，践两赤蛇

在西海的岛屿上，有一个神人，名字叫弇（yǎn）兹。他人面鸟身，耳朵上盘踞着两条青色的蛇，脚底下踩踏着两条红色的蛇。

和弇兹类似的形象在《山海经》中很常见，如《大荒北经》中的禺彊，和弇兹的长相、装扮完全一样。《大荒东经》中的禺貌，也是人面鸟身，不过耳朵挂的和脚下踩的是黄蛇。禺彊是北海海神，禺貌是东海海神，因而可以合理推测，弇兹或许就是西海海神。

《山海经》和其他神话中都有不少操蛇、珥蛇、践蛇的神灵，蛇本身也作为一种灵媒存在。

常羲浴月

帝俊妻常羲，生月十有二，此始浴之

有个女子正在替月亮洗澡，她就是帝俊的妻子常羲，她一共生下了十二个月亮。

常羲浴月与《大荒南经》中的羲和浴日相对，羲和和常羲都是天帝帝俊的妻子，所以这正是日月诞生的神话，日月又与历法的十日、十二月有关，而浴日、浴月又是一种模拟巫术的操作。《吕氏春秋》说："羲和作占日，尚仪作占月。"

《世本》提到帝喾有四个妻子：一个是有邰氏姜嫄，生后稷；一个是有娀氏简狄，生契；一个是陈锋氏之女庆都，生尧；一个是娵（jū）訾（zī）氏之女常仪，生挚。据《史记·五帝本纪》，帝挚一度即位，但因得不到诸侯支持，才退位给尧。常仪（仪）字形与常羲极为相似，且帝俊和帝喾又多有雷同，所以一般认为常仪就是常羲的演变。另外，嫦娥字形也与常仪、常羲相像，而且又是月神，所以可能也存在分化关系。关于嫦娥奔月的记载，最早见于湖北江陵王家台出土的秦简《归藏》，上面写"昔者恒我窃毋死之药于西王母，服之以奔月。……恒我遂托身于月，是为蟾蠩（zhū）"。除了嫦娥名字的写法外，还需要注意这个神话似与后羿射日无关，而是一则独立神话，嫦娥奔月后居然化成了蟾蜍。

天犬

其所下者有兵

金门山上有一种红色的狗，叫天犬，它降临就伴随着兵灾。

《西山经》中也有天狗，但是一种辟邪除灾的益兽，和此处的天犬完全不同。这里的天犬主导的是兵灾，而在文献中天狗又是一种星象。郭璞注《山海经》，提到《逸周书》记载汉景帝吴楚七国之乱时，梁国就出现了天狗的星象，天空有长达数十丈的流星，其疾如风，其声如雷，其光如电。从主兵灾这点来看，天狗与这里的天犬是吻合的，或许天犬就是天狗的物化，是古人对流星的恐惧与对犬崇拜的结合。

此外日本民间传说也有"天狗"，详见本书《西山经》"天狗"。

夏耕之尸

　　有一个没有脑袋的人，手里拿着戈和盾，名为夏耕之尸。夏耕是夏朝最后一位君主桀手下的大将，当年商王成汤讨伐夏桀于章山，打败夏桀并在他面前砍掉了夏耕的脑袋。虽然失去了头，可夏耕的灵魂却没死，他站起来之后，很久才发现自己已经失去了头，为了避免被追究罪过，他逃到了巫山。

　　夏耕之尸的故事，是《山海经》中罕见的夏末故事，而其他故事多发生在夏初之前，这也证明《山海经》绝对不是大禹时代的作品。关于夏灭商的故事，主要记录在《尚书·汤誓》中，其成书于春秋战国之际，内容较为平实，后又为《史记》所录。《墨子·非攻》也记载了天帝派火神祝融下凡，帮助商汤焚毁夏桀的城池。这些史料都保留了历史传说的原始风貌，相对于中规中矩的《史记》，自有其独到的价值。

　　夏耕之尸的形象与刑天相似，都是上古战争神话的组成，夏耕和刑天虽然失去了脑袋，还有思想，还能行动自如，都是其拥有神力的表现。

三面人

在大荒之中有大荒山，太阳与月亮从这里落下，这里的人有三张面孔、一只手臂，他们是颛顼的后裔。这种拥有三面的人，生活在大荒野之中，永远都不会死。

《山海经》中多次提到帝颛顼，他的子孙分布广泛，比如老童、季禺、伯服、淑士、叔歜（chù）等。据《史记·五帝本纪》《楚世家》记载，颛顼又是黄帝儿子昌意的儿子，他有儿子鲧（夏祖）、穷蝉（虞祖）、称（楚祖）。《左传》又有"颛顼之丘"，在今河南濮阳。颛顼本身可能是来自东方的神祇，后来被改造进了黄帝世系，成为五帝之二。颛顼又被称为玄帝。

据《论衡》，颛顼有三个儿子，死后都变成病疫之鬼。其中住在长江一带的叫虐鬼；住在若水一带的叫魍魉鬼；住在人家里的叫小儿鬼，经常恐吓小孩子。可见，从不同性质的文献看，颛顼的儿子也是各有特色。

郭璞注《山海经》，说三面人只有一条右臂，明清图本也继承了这个说法。

鱼妇

有鱼偏枯，名曰鱼妇

有一种鱼，身体半边干枯，叫鱼妇。它一半是人形，一半是鱼体。传说，鱼妇是颛顼死后复生的。当风从北方吹来的时候，泉水涌溢而出，死去的颛顼趁蛇鱼变化未定的时候，托体在鱼的身上重生。

《淮南子》也记载了一则半体化为鱼的故事，不过主角是后稷。这是明显的化生神话。历史学家丁山先生认为这些反映的是草木昆虫冬蛰春出，神话学者叶舒宪先生认为这反映了太阳落下、月亮升起。但笔者认为这主要表现的还是不死神话。鱼善于繁殖，被古人视为生命力的象征。商周墓葬就出土了不少玉鱼，大概有引导灵魂、往生重生的寓意。

鸀鸟

青鸟，身黄，赤足，六首

有一种青鸟，身体是黄色的，脚是红色的，有六个脑袋，它叫作鸀（zhǔ）鸟。

《海内西经》中也记载过六头鸟，即开明兽之南的树鸟。此外《山海经》中还有三首的鸟类，如《南山经》的鹧（chǎng）鴀（fū）、《西山经》的鶀（qí）鵌（tú）等。

对于《山海经》中这种奇形怪状的生物，一般认为还是先民观测不精及以讹传讹所致。也有人认为这是由若干小部族所组成的大部族的图腾，如鸀鸟就可看作为六个以鸟为图腾的小部族组成的大部族图腾。

大荒北经

儋耳国

任姓，禺号子，食谷

有个国家名叫儋（dān）耳国，国民以任为姓，是神禺号的后代。这里的人耳朵很大，双耳垂肩，以五谷为食。

《海外北经》中有聂耳国，国人用双手托着两个耳朵，可见耳朵之大。儋耳国应该也是聂耳国一类，关于大耳国的情况，详见本书"聂耳国"。

《海内经》中又说，帝俊生禺号，禺号生淫梁，淫梁生番禺，番禺开始造舟。番禺又生奚仲，奚仲生吉光，吉光开始造车。据说奚仲担任车正，建立任（妊）姓薛国，在今天山东滕州薛城一带。

晋人郭璞注《山海经》，提到"禺貌"在某个版本中作"禺号（號）"。禺貌是《大荒东经》的东海海神，黄帝之子，而任姓在《国语》中正是黄帝十二子之一，虽然和《海内经》帝俊之子矛盾，但反映了世系的变化趋势：帝俊被改造成帝喾，并纳入黄帝的世系中。

九凤

九首人面鸟身

在大荒的北极天柜山中，有一个神长着人的面孔、鸟的身子，他有九个脑袋，名字叫作九凤。

类似的九头鸟，还有晋人郭璞提到的"奇鸧（cāng）"，还有"鬼车"，"鬼""九"可通用。据杨慎《杨升庵全集》记载，鬼车原是十头鸟，被周公派人射掉一个，所以只剩下九个，而断掉的那个一直在滴血。

还有鼎鼎大名的姑获鸟，郭璞的《玄中记》提到，姑获鸟是天帝的幼女，昼伏夜出，穿衣为鸟，脱衣为女人。她没有孩子，所以喜欢偷窃小孩儿做自己的孩子，小孩儿的衣服不能在夜间晾在外面，就是为了提防姑获鸟用血在衣服上做标记，从而将孩子偷走。这种鸟又叫鬼鸟，当时又叫鬼车，在荆州最多。以前豫章郡有个男子，偷走了姑获鸟脱的衣服，就娶了这只姑获鸟为妻，并且生了三个女儿。之后姑获鸟让女儿问父亲自己衣服的下落，待找到衣服后，她就带着三个女儿飞走了。

蚩尤

请风伯雨师，纵大风雨

蚩尤是中国神话中最为出名的人物之一。《史记·五帝本纪》有蚩尤与炎黄战争的记载，不过描写较为平实，大致说的是黄帝先在阪泉战败炎帝，后又联合炎帝在涿鹿擒杀蚩尤，于是黄帝成为了天子。蚩尤据说是九黎的君长，一说是南蛮的先祖，又有说是东夷的先祖，又有说是炎帝的部属，甚至是炎帝本人。当时蚩尤和东夷两大族长太昊、少昊也是联合的，这场战争蚩尤与二昊均被杀死。

关于蚩尤的神话传说还有很多。据《大荒南经》，蚩尤被杀后，身上的枷锁化作一片枫林；《太平御览》引《龙鱼河图》，蚩尤兄弟八十一人，个个人面兽身，铜头铁额，吃砂石；《述异记》又说蚩尤人身牛蹄、四目六手，吃铁石，耳鬓如剑戟，头上有角；《绎史》引《归藏》说他八手八足。新出土清华大学藏战国竹简《五纪》里甚至说蚩尤是黄帝之子。

受到成王败寇的影响，后世对蚩尤的评价多妖魔化，但战国和汉初蚩尤还是被作为英雄对待。《世本》里说蚩尤发明了兵器；《史记·封禅书》里说刘邦起义时祭祀蚩尤，称帝后还在长安建立蚩尤祠。《天官书》里又有说"见则王者征伐四方"的"蚩尤之旗"星。

强良

衔蛇操蛇，其状虎首人身，四蹄长肘

强良有着虎的脑袋、人的身体，它的手里拿着蛇，嘴里也衔着蛇，它长了四个蹄子，有长长的手肘。

晋人郭璞称，强良也在《畏兽画》中。所谓"畏兽"，是一种可以辟邪的神兽。郭璞看到的《畏兽画》里，有《山海经》中的嚣、驳、孟槐、强良等。此外，郭璞还提到《图》《画》《像》，大概也是指的《畏兽画》。《畏兽画》可以和《山海经》相辅相成，可惜今天已经见不到全貌了，只能根据郭璞注还原只言片语，类似的还有陶渊明见到的《山海图》。历史学家饶宗颐先生说过："畏兽谓威（猛）之兽，可以辟除邪魅，被去不祥……古人图画畏兽，正所以被除邪魅……《山海经》之为书，多胪列神物。古代《畏兽画》，赖以保存者几希！"

《后汉书·礼仪志》提到"十二神兽"，其中就有"强梁、祖明共食磔死、寄生"，"强梁"应该就是强良，以"磔死""寄生"这两种鬼为食物，这也是畏兽的表现。

女魃

衣青衣，名曰黄帝女魃

有一座山名叫系昆山，上面有个共工台，射箭的人因为敬畏共工的威灵，而不敢朝台所在的北方射箭。共工台上住着一个穿青色衣服的女神，叫作黄帝女魃（bá）。

蚩尤和黄帝大战，黄帝派应龙在冀州的野外进攻。应龙积蓄着大水，蚩尤派遣风伯雨师降下风雨，使得应龙积水无用。黄帝又派来天女魃，大雨立即停止了。黄帝最终战胜了蚩尤，但女魃没有再回天界，而是留在了人间，她到哪里，哪里便会发生旱灾。

女魃因为能带来大旱，所以又被叫旱魃，据说她没有头发。《神异经》记载了古时候驱逐旱魃的习俗：魃长得像人，只有三尺高，眼睛在头顶，行走如飞。见到的人把她抓住扔在厕所里，旱灾就会停止。女魃这种形象在清人汪绂图本中也能得到反映。

女魃传说其实就是个典型的自然神话。应龙是江河的象征，而风伯、雨师是风雨的象征，旱魃就是干旱的象征，所以互相是克制的。

赤水女子献

女子衣青衣

在钟山的赤水之畔，有一个穿着青衣的女子，名叫赤水女子献。

清人吴承志认为女魃被黄帝迁到赤水北，又是穿着青衣，自然就是赤水女子献，"献"当是"魃"之误。此说很有道理。同样的一个形象，被传成不同性质的神，在《山海经》中也不罕见。女魃的形象明显是凶神，而赤水女子献则多是窈窕丽人的形象。

晋人郭璞在《山海经图赞》中说"江有窈窕，水生艳滨。彼美灵献，可以寤神。交甫丧佩，无思远人"，这是用汉水游女的典故来形容女献。在汉代《列仙传》里，说郑交甫于汉水边遇见汉水女神。从经文看，赤水女子献与汉水女神的相似处仅仅是在水边，不知道郭璞是否还有其他依据。在明清图本里，也据此将赤水女子献画成女子形象。

旱魃的形象也传到了日本，日本传说中旱魃是无法克制的妖怪。

戎宣王尸

赤兽，马状无首

　　大荒中有座山叫融父山，顺水就是从这里流出的。这里有个民族叫犬戎。当初黄帝生苗龙，苗龙生融吾，融吾生弄明，弄明生下两条白犬，一雌一雄。这两条白犬繁衍出了犬戎一族，族民以肉为食。犬戎一族的聚居区有一种红色的野兽，形状如马，但是缺少脑袋，名字叫作戎宣王尸。

　　晋人郭璞注《山海经》中说戎宣王尸就是犬戎神的名字。犬戎国在《海内北经》中也出现过，国民也正是犬的样子，详见本书"犬戎国"。但戎宣王尸是无头马状，和犬戎犬状差异较大。

　　袁珂先生则认为，戎宣王尸可能是遭到刑戮后的鲧。据《海内经》载，黄帝生骆明，骆明生白马，白马也就是鲧。鲧即大禹的父亲。关于鲧的形象，不同文献记载也很多。《左传》说他去世后化成黄能，是一种三足鳖；《归藏》说他化成黄龙；《拾遗记》又说他化成玄鱼。历史学家杨宽先生认为鲧的原型当是东方水神。

威姓少昊之子

有一种人只有一只眼睛，长在脸中央。他们姓威，是少昊的后裔，以黄米为食。

《海外北经》中有一目国，《海内北经》中有鬼国，那里的人都是只有一只眼睛，和威姓少昊之子或许都是一个形象的分化，特别是"鬼""威"音近，可通假。

《山海经》有着浓重的东方神话色彩，帝俊、少昊都是东方始祖神，其中对于少昊的记载也不少。据《大荒东经》记载，东海之外有大壑，就是少昊的国都，颛顼还是在这里被少昊抚养长大的。《西山经》又有白帝少昊居住的长留山。

根据《左传》《史记》等记载，少昊之国在周代鲁国，即今天山东曲阜。少昊之后有郯国。郯国一说己姓，一说嬴姓，在今天山东郯城；莒国也一说己姓，一说嬴姓，在今天山东莒县；嬴姓本起源于东方，鲁国附近有秦地，可见嬴姓应该也以少昊为先祖；《世本》说少昊名挈，则又和殷商联系上。少昊应当是东方共同的祖先神，其名"挚"又与帝喾幼子同名。历史学家童书业先生认为少昊与契是一人分化，太昊与帝喾亦是一人分化。后世又把少昊拉入黄帝世系，晋人皇甫谧说少昊即黄帝之子玄嚣。

苗民

有翼，食肉

在西北海之外，黑水以北，有一种人长着翅膀，但不能飞，叫苗民。他们都姓釐，以肉为食。

苗民即是三苗之民，三苗国在赤水东边，国民喜欢同行，也有说是三毛国。当年，尧将天下禅让给舜时，三苗国君因反抗而被杀，苗人逃到南海，建立三苗国。

据《史记·五帝本纪》记载，三苗人在荆州一带作乱，所以被帝舜作为"四凶"之一，放逐到西方的三危山一带。但是三苗人并未能臣服，反而和南迁的丹朱叛乱，所以后来又有禹征三苗。

关于尧舜流放的"四凶"有两组：一组是《左传》的帝鸿氏之子混沌、少昊氏之子穷奇、颛顼氏之子梼杌、缙云氏之子饕餮，另一组是《尚书》的驩兜、共工、鲧、三苗；两组人物或许是同一传说的分化。

烛龙

人面蛇身而赤，直目正乘

在西北海外赤水之北的章尾山上，有一个神人，他有人的脸、蛇的身，浑身上下都是红色的。他的眼睛是竖着长的，闭合起来就是条直缝。当他睁眼的时候，白昼到来；当他闭眼的时候，黑夜降临。他不饮不食，不睡觉不呼吸，只需要吞噬风雨。它的名字叫作烛九阴，也就是烛龙。

《海外北经》中提到钟山的烛阴神，应该就是烛九阴、烛龙，详见本书"烛阴"。

烛龙和很多神兽明显不同，它睁眼为昼，闭眼为夜，具有创世神神格。关于开辟神话，有楚帛书记载的伏羲、女娲生四时神，有《庄子》记载的南海帝儵与北海帝忽开凿中央帝混沌，儵忽明显就是时间的象征，还有《开山遁甲图》记载的和元气一起诞生的巨灵神，创造了山河。而三国时期才有的盘古开天辟地神话，很明显与上述神话都有一定继承关系。此外盘古可能还与古印度黎俱吠陀神话有关，另外还借用了南蛮盘瓠神话的名号。

海内经

韩流

擢首、谨耳、人面、豕喙、麟身、渠股、豚止

　　黄帝的妻子叫雷祖，她生下了一个儿子，叫昌意，后来昌意做错事被贬到若水，他在那里繁衍生息，有了一个儿子，叫韩流。韩流长着长长的脑袋、小小的耳朵、人的脸、猪的嘴、麒麟的身子，两条腿并在一起，还长着一双猪蹄。韩流娶了淖子族的阿女，生下了颛顼。

　　古本《竹书纪年》中说，昌意被贬若水，生下了帝乾荒，"乾荒"应该就是"韩流"。而《史记·五帝本纪》则说昌意到若水娶了蜀山氏女昌仆生下颛顼。这里很可能是《五帝本纪》少记录一代。昌意的母亲雷祖就是养蚕的嫘祖，她是西陵氏的女儿，嫁给黄帝作为正妻，生下昌意和玄嚣。晋人皇甫谧《帝王世纪》认为，昌意因为德行不佳，所以被黄帝贬居若水。

　　《山海经》中对于韩流外貌的描写，实在令人咋舌。韩流可是黄帝的孙子，颛顼的父亲，帝舜、帝禹、楚国也都是他的后人。在《史记》中不可能看到这样的描写，而《山海经》却描绘了下来，可能也是远古神话的一种记录。

鸟氏

人焉鸟首

盐长之国的国民人人长着鸟头，被称作鸟氏。

根据《太平御览》《北堂书钞》记载，"鸟氏"或是"鸟民"之误，下文还脱落"四蛇缭绕"四个字。

郭璞注《山海经》，认为鸟氏就是鸟夷。商朝甲骨文就有"夷方"，大概还只是东方某部族专属名称，到周朝就成为东方部族的统称了，所以又叫"东夷"。"淮夷"的"淮"从"隹"，也是鸟的意思。鸟夷在《史记》中有记载，大禹治水曾到达过。汉人郑玄认为，之所以被称为鸟夷，是因为他们用鸟兽的毛皮做衣服。

不过鸟夷之所以称鸟夷，更多可能和太阳（凤鸟）崇拜有关。许多东方部族都有卵生神话，如商、秦、赵、徐等，其姓子、嬴、偃等也有鸟崇拜的痕迹。《左传》说少昊登基时凤鸟至，故以鸟作为官名。《史记·秦本纪》，说嬴姓始祖大费立鸟俗氏，他的后人孟戏、仲衍，居然长着鸟的身子。这里的鸟氏长成鸟头人身，也有一定相似性。

黑人

虎首鸟足，两手持蛇

　　在南方有一种人，皮肤黢黑，长着老虎的头、鸟的脚。他的手里面拿着两条蛇，正在吞食。

　　殷墟侯家庄殉葬坑出土了一些头骨，其中就包括太平洋类黑人种和类高加索人种。可见，商朝就有黑人和白人存在了。这里的黑人也生活在南方，不知道是否有关系。

　　而明代大才子杨慎被贬云南之后，见到很多奇怪的自然现象和奇风异俗，他将这些见解与《山海经》中的一些内容相结合，别开生面，给出了一个很有启发性的视角。杨慎在《山海经补注》中指出，云南有一少数民族名为娥昌，他们打樵归来，能捕获数十条蛇。他们不知道会使什么法术，被抓住的蛇都不逃跑，他们就直接用手抓蛇吃。马昌仪先生认为，娥昌人就是今天云南阿昌族的前身。如果这个部族是真实存在的话，那么"虎首鸟足"可能只是其装扮的夸张而已，食蛇也只是其饮食风俗而已。

延维

人首蛇身，长如辕

有一个神人，人首蛇身，他的身躯长如车辕，左右两边各有一个脑袋，他穿着紫色的衣服，戴着毡帽，他的名字叫作延维。如果有人得到了他，用以奉飨祭祀，就可以称霸天下。

郭璞认为延维就是委蛇。根据《庄子》记载，有次齐桓公与管仲出行大泽，齐桓公见到了鬼，但管仲却不曾见到。不久之后，齐桓公郁郁而疾，数日不见好。齐人皇子告敖求见齐桓公，说鬼并不能伤害到你，只有自己才能给自己造成伤害。齐桓公询问他那是否有鬼，皇子告敖说，水里有罔象、丘陵有峷（shēn）、山里有夔、野外有方皇、水泽有委蛇，这些都是鬼。齐桓公问委蛇的形状是什么样的。皇子告敖说，委蛇体积大如车毂，长如车辕，穿着紫衣裳，戴着红帽子，生得丑陋，听到雷声或车声，就捧着头站起来。见到它的人，就要称霸于天下。桓公听后很开心，原来他见到的就是延维，预兆着要称霸了，他的病不到一天就痊愈了。《庄子》又有成语"虚与委蛇"，说的就是用不存在的事物敷衍。

闻一多先生认为，延维、委蛇，实际上是汉代墓像中的交尾的伏羲、女娲。可能只是有共同的传说素材，但不能简单地画等号。

玄狐

居于幽都之山

在北海之中有一座幽都之山，山上有黑色的鸟、黑色的蛇、黑色的虎、黑色的豹，还有长着毛蓬蓬尾巴的黑色狐狸。

幽都是非常神秘的一个地方，常与地府相联系。《楚辞·招魂》中有"君无下此幽都些"，汉人王逸注，这里的幽都是地下后土的治所，也就是幽冥，即今天所说的地狱。幽冥在先人观念中又在北方大海之中，所以常常和黑色联系在一起。袁珂先生即认为，幽都之山有着各类玄色动物和玄丘之民，或许就是古代幽都神话的反映。

唐代《宣室志》记载，"口蜜腹剑"的宰相李林甫退朝后在窗前看到玄狐走过。玄狐身体高大，毛色黢黑反光，在屋前四处张望。李林甫张弓射箭，但玄狐瞬间就消失了。此后，每当他坐下，都会看到有一只玄狐出现。李林甫当年便死去了。玄狐出现带来死亡，也与幽都神话有关。

也有人认为黑狐是瑞兽，比如明人胡文焕说，周成王时期出现玄狐，而四夷朝贡。玄狐其实并不是什么异兽，明人李时珍在《本草纲目》中说狐狸南北都有，北方为多，有黄、黑、白三色。

相顾之尸

反缚盗械、带戈常倍之佐

在北海之中，有一个双手被反绑、戴着刑具、带着戈且心怀不轨的臣子，名叫相顾之尸。

在《海内西经》中有贰负之臣叫危，危和贰负谋杀了窫窳，结果危被天帝铐在疏属之山，把双手反绑在树上。这个相顾之尸，可能也是因某种原因受到刑罚。

《山海经》中的尸是一种介于生死之间的模糊状态，除了相顾之尸和贰负之尸外，还有被杀的夏耕之尸和女丑之尸，兽而为尸的戎宣王尸、猰貐之尸等，这应当与先民抗拒死亡、追求长生的意识有关。

钉灵国

膝已下有毛，马蹄善走

有一个国家叫钉灵国，国民的膝盖以下都长满了毛，还长了一双善奔跑的马蹄。

三国时期《魏略》记载，北丁令有马胫国，人的声音好像大雁，身体的膝盖以上是人，膝盖以下为马，虽然不骑马但比马跑得快。《异域志》还说丁灵国人会鞭自己的马蹄，一日可行三百里。清人汪绂注《山海经》解释到，钉灵其实就是丁零，那里产貂。那里的人民以皮为脚上的衣服，穿着就像马蹄一样善跑，也就是后世的靴子，并不是真马蹄。这是一种从民族学角度给出的合理解释。

钉灵、丁令、丁灵、丁零都是名字异写，是贝加尔湖南部的一个部族。《史记》《汉书》中都提到匈奴冒顿单于往北征服丁零部落，后来匈奴还封卫律为"丁零王"。但丁零未被匈奴有效融合，汉宣帝时期，丁零联合乌桓、乌孙一起进攻匈奴，将其击败。丁零得名来源于音近的"翟（狄）"。在春秋时代，狄分为赤狄、白狄、长狄等，也有和戎一起混称戎狄，种族区分不太明显。众狄在春秋战国都已融入了华夏，丁零国并不属于他们的后代，只是因为在北方才被中原这样称呼。